Deutsch als Fremd- und Zweitsprache
Grammatik, Wortschatz, Orthographie

Sprachwissen 4

Die Grüne Reihe
herausgegeben von Bernd Ulrich Biere

Die vorliegende Neubearbeitung und Erweiterung (Anhang) ersetzt die Ausgabe von 2015 (unter dem Titel *‚Deutsch als Fremdsprache‘* erschienen).

Bernd Ulrich Biere

Deutsch als Fremd- und Zweitsprache

Grammatik
Wortschatz
Orthographie

mit einem Anhang zur Behandlung von Varietäten des Deutschen im DaF-Unterricht

mykum
Taschenbuch

Bibliographische Information der Deutschen Nationalbibliothek

Die Deutsche Nationalbibliothek verzeichnet diese Publikation in der Deutschen Nationalbibliographie; detaillierte bibliographische Daten sind im Internet über http://dnb.dnb.de abrufbar.

überarbeitete, erweiterte und aktualisierte Neuauflage 2017

Auf der Bornau 29
D-56321 Brey

Druck und Vertrieb:

Books on Demand GmbH
In de Tarpen 42
22848 Norderstedt

Printed in Germany

ISBN 978-3-9818173-6-2

Inhalt

0 Vorwort des Herausgebers

Mit dem neu bearbeiteten und erweiterten vierten Band der Grünen Reihe ‚Sprachwissen' widmet sich der Autor einem sprachdidaktisch relevanten Themenbereich, dem Lehren und Lernen des Deutschen als Fremd- bzw. als Zweitsprache, dessen Aktualität im Kontext der Migrationsthematik ständig zunimmt. Im Hinblick auf den Erwerb des Deutschen als Fremd- bzw. als Zweitsprache stellen sich einerseits generelle Fragen des Fremdsprachenlernens, wie sie in der Fremdsprachen*didaktik* behandelt werden, andererseits sind aber auch alle Gegenstandsbereiche aufgerufen, die *fachwissenschaftlich* wie *fachdidaktisch* für den muttersprachlichen wie für den fremdsprachlichen Deutschunterricht von Bedeutung sind.

Obwohl hierzu zunehmend auch sprachpragmatische bzw. gebrauchsorientierte Fragestellungen zu rechnen sind, beschränkt sich der Autor in diesem Band auf die eher systemorientierten Aspekte von Lexik, Grammatik und Orthographie. Dabei werden teilweise zwar auch landeskundliche, pragmatische und insbesondere textlinguistische Aspekte einbezogen, diese werden jedoch nicht in systematischer Weise erschöpfend behandelt. Es handelt sich bei diesem Band nicht um ein Lehrwerk des Deutschen als Fremd- bzw. Zweitsprache, das unmittelbar im Unterricht benutzt werden könnte, es werden vielmehr fachwissenschaftliche und fachdidaktische Fragestellungen behandelt, die Gegenstand der aktuellen Forschung in der allgemeinen Fremdsprachendidaktik wie auch in der Didaktik des Deutschen als Fremd- bzw. Zweitsprache und nicht zuletzt auch in der germanistischen Linguistik sind.

Für die Neuauflage wurde der Text der ersten Auflage, die unter dem Titel *‚Deutsch als Fremdsprache'* 2015 im gleichen Verlag erschienen ist, überarbeitet und um einen Anhang zur Rolle von Varietäten im DaF-Unterricht ergänzt.

Brey, im Herbst 2017 Bernd Ulrich Biere

1 Deutsch als Fremd- und Zweitsprache

Wenn wir uns die deutsche Sprache nicht als ein homogenes Gebilde vorstellen, geht es auch auf der Ebene der Sprach*kompetenz* nicht um *Homogenität*, sondern im Grunde immer um irgendeine Art von *Heterogenität*, um innere wie äußere *Mehrsprachigkeit.* In diesem Sinn können wir auch den Erwerb des Deutschen als Fremdsprache oder als Zweitsprache als individuell unterschiedliche Wege zur Mehrsprachigkeit und somit als je spezifische Erweiterung einer individuellen Sprachkompetenz begreifen.

Soweit es sich hierbei nicht um natürliche, ungesteuerte Erwerbsprozesse handelt, in denen der Erwerb des Deutschen als Fremd- oder Zweitsprache im Prinzip genauso abläuft wie der Erwerb einer Muttersprache, findet die fachdidaktische Beschäftigung mit ‚Deutsch als Fremd- oder Zweitsprache' in der Regel unter spezifischen *didaktischen* und *methodischen* Rahmenbedingungen statt.

Man untersucht beispielsweise *didaktisch*, welche Ziele man im Unterricht des Deutschen als Fremdsprache im Einzelnen verfolgt, was man zuerst einführen muss, wie man darauf weiter aufbauen kann, für welche Zwecke jemand Deutsch lernen möchte und welche Teilkompetenzen er dazu jeweils benötigt. *Methodisch* wird man sich dagegen mit der Frage beschäftigen, mit welchen Unterrichtsverfahren und -medien man arbeiten will, welche Methoden mehr oder weniger geeignet erscheinen, bestimmte Ziele möglichst effektiv zu erreichen, welche Verfahren sich eher für junge Lerner, welche eher für Erwachsene eignen. Oder auch damit, welche Verfahren für Lerner mit einer bestimmten Muttersprache oder für Lerner, für die das Deutsche bereits die zweite oder gar dritte Fremdsprache darstellt, geeignet sein könnten.

Mit solchen Fragen einer *‚Didaktik des Deutschen als Fremd- oder Zweitsprache'* sind natürlich auch generelle Fragen des Fremdsprachenlernens verbunden, also Fragen, die sich nicht auf das Erlernen einer bestimmten Sprache beziehen, sondern auf die Möglichkeiten des Sprachenlernens überhaupt.

Fremdsprache oder Zweitsprache?

Wenn wir von ‚Deutsch als *Fremdsprache*' (DaF) sprechen, meinen wir damit im Prinzip einen gesteuerten Fremdsprachenerwerb, bei dem innerhalb eines strukturierten Unterrichts die deutsche Sprache erlernt wird. Ein solcher Unterricht findet in der Regel in Bildungseinrichtungen im Ausland statt, wobei die jeweiligen Lerner aus den unterschiedlichsten Gründen ein spezifisches Interesse daran haben, Deutsch zu lernen.

Wenn ich beispielsweise an der Fremdsprachenhochschule in Tianjin (China) Anfang der 90-er Jahre im praktischen Teil des Studiengangs ‚Deutsch als Fremdsprache' Übungen zur deutschen Grammatik, zur Formulierung von Texten oder Konversationsübungen angeboten habe, dann waren die Lerner chinesische Studenten und Studentinnen, die sicherlich aus unterschiedlichen Gründen daran interessiert waren, Deutsch zu lernen. Auch wenn mit der Zeit immer deutlicher wurde, dass ein großer Teil der Studentinnen in erster Linie tatsächlich daran dachte, irgendwann in Deutschland zu arbeiten und vielleicht sogar dauerhaft in Deutschland leben zu können, habe ich in China zweifelsohne ‚Deutsch als *Fremdsprache*' und nicht ‚Deutsch als *Zweitsprache*' unterrichtet.

Erst wenn meine Studenten in Deutschland lebten und hier ein vitales Interesse daran hätten, sich auch sprachlich in ein überwiegend deutschsprachiges Umfeld zu integrieren, würden sie ihre Deutschkenntnisse mehr oder weniger spontan und ungesteuert zu verbessern versuchen und somit nach und nach Deutsch als Zweitsprache erlernen bzw. erwerben. In China war ein derartiges deutschsprachiges Umfeld, in dem die Studierenden einen dauerhaften Kontakt mit der deutschen Sprache und Kultur hätten haben können, natürlich nicht vorhanden.

Auch wenn neben dem einfachen Interesse am Spracherwerb in der Regel immer auch ein kulturelles (oder ‚landeskundliches') Interesse an Deutschland vorhanden ist, können Kontakte mit der deutschen Kultur in der Regel doch nur vermittelt über die deutschen bzw. deutschsprachigen Lehrenden in didaktisch-methodisch arrangierten Szenarien mehr oder weniger künstlich hergestellt werden. Wenn wir etwa an der Fremdsprachenhochschule in Tianjin einen „Deutschen Abend" veranstalten, werden dabei zwar kulturelle Praktiken zelebriert, die als ‚typisch deutsch' angesehen werden (und diese Praktiken können natürlich auch im landeskundlichen Unterricht weiter reflektiert werden), aber sie werden als ‚Arrangement' vermutlich doch anders ‚erlebt' als in einer vergleichbaren Situation in Deutschland.

Landeskunde

Gleichwohl mag es tatsächlich eine der wenigen Möglichkeiten sein, ‚Landeskunde' *praktisch* zu betreiben', wenn wir in China mit den Studentinnen Walzer tanzen oder im Deutschunterricht in Polen eine ‚Weinprobe' mit echtem deutschen Riesling inszenieren.

Im muttersprachlichen Deutschunterricht wie auch im Unterricht ‚Deutsch als Zweitsprache' brauchen wir solche Inszenierungen im Grunde nicht, weil die umgebende Kultur in der Schule wie auch außerhalb der Schule reale ‚deutsche Kultur' *ist*, selbst dann, wenn wir auch dort eher selten Walzer tanzende Paare antreffen werden.

Für die deutschen Lektoren, die im Auftrag des Auswärtigen Amts und des Goethe-Instituts im Ausland an der Vermittlung der ‚Deutschen Sprache *und* Kultur' arbeiten, also sehr wohl die Aufgabe haben, neben der sprachlichen Kompetenz auch (inter)kulturelle Kompetenz bzw. Wissen über Deutschland, landeskundliches Wissen, zu vermitteln, ist die ‚Kulturvermittlung‘ zweifellos eine methodisch anspruchsvollere Aufgabe, wenn man sich nicht damit zufrieden geben will, ein Mal pro Woche deutsche Zeitungen zu lesen.

Vermutlich machen zunächst einmal die deutschen Lektoren (zumindest im außereuropäischen Raum) mehr Fremdheitserfahrungen als die Studierenden, für die die zu fremde lernende Sprache zunächst im Vordergrund steht, während die fremde Kultur noch sehr weit weg zu sein scheint, aber gerade dann auf spontanes Interesse trifft, wenn ein mehr oder weniger authentischer Vertreter dieser Kultur den Studierenden gegenübersteht (Lektoren/ Gastdozenten).

So ist es nahezu selbstverständlich, dass auch die Goethe-Institute davon profitieren möchten und den betreffenden Dozenten zu einem Vortrag einladen. Mit einem großen Dienstwagen mit Fahrer, mit dem mein chinesischer Kollege mich vom Flughafen in Peking abholte, kann man beim Goethe-Institut allerdings nicht rechnen. Da wir ja alle erwachsen und entsprechend selbstständig sind, können wir uns auch in China gut selbst darum kümmern, zur vereinbarten Zeit am richtigen Ort zu sein (was allerdings zumindest Anfang der 90-er Jahre nicht immer ganz einfach war). Wieder sind es erst einmal die Dozenten selbst, die mit Fremdheitserfahrungen umzugehen lernen müssen.

So schien es beispielsweise nicht ganz einfach, überhaupt eine Fahrkarte von Tianjin nach Beijing zu bekommen. Die Studenten, die mir dabei behilflich sein wollten, schafften es jedenfalls ebenso wenig, wie es einige Wochen vorher ein Kollege in Wuhan geschafft hatte, für meinen Sohn ein Ticket für eine Schiffsreise auf dem Yangtse-Fluss zu besorgen.

Das Erstaunliche war in beiden Fällen, dass dies meinem Sohn selbst ebenso ohne große Probleme gelang, wie es mir gelang, die besagte Bahnfahrkarte nach Beijing zu kaufen. Was *mir* dann allerdings wiederum nicht gelang, war, über das Wochenende einen Flug von Beijing nach Xian zu bekommen, wo ich einen Kollegen besuchen wollte. – Woran das Gelingen oder Misslingen solcher Unternehmungen in einer fremden

Kultur im Einzelnen gelegen haben mag, darüber kann man sicherlich spekulieren. Aber das wirklich Befremdliche scheint mir zu sein, dass man nicht versteht, wo im einen wie im anderen Fall eigentlich das Problem lag. Fehlt es uns hierzu am *Verständnis* der *fremden Kultur*?

Tatsächlich - und so haben dann die Studierenden auch ihren Nutzen von *unseren* Fremdheitserfahrungen - scheinen wir oft erst dann, wenn wir selbst im Ausland mit den kulturellen Eigenheiten eines fremden Landes konfrontiert sind, zu bemerken, wie *fremd* uns nicht nur die jeweilige (Fremd)sprache, sondern eben auch die Kultur eines Landes erscheinen kann. Und diese Erfahrung wiederum sollte uns dafür sensibilisieren, dass auch die Lerner des Deutschen als Fremdsprache sich nicht nur mit der fremden deutschen Sprache zu beschäftigen haben, sondern sich auch mit einer ihnen vielleicht ebenso fremd erscheinenden (deutschen) Kultur auseinandersetzen müssen. Dies wird wohl besonders dann deutlich, wenn die Lerner in einem ganz anderen Kulturraum leben und der ‚Abstand' zur deutschen Kultur (manche würden vielleicht sagen: zur Kultur des christlichen Abendlandes) besonders groß ist. Wie weit die Lerner des Deutschen als Fremdsprache mit ihrem Fremdsprachenunterricht auch eine hinreichende (inter)kulturelle Kompetenz erwerben müssen bzw. erworben haben, zeigt sich im Ernstfall erst bei einem ersten Aufenthalt in Deutschland.

Als ich Ende der 80-er Jahre am Mannheimer Institut für Deutsche Sprache (IDS) für die Betreuung der ausländischen Gastwissenschaftler zuständig war, stand eines Tages, als ich gerade nach Hause fahren wollte, eine junge Inderin vor der Tür, über deren Ankunft ich aufgrund eines Missverständnisses nicht informiert worden war. Zum Glück war eine der Gästewohnungen des Instituts gerade für eine Woche frei, so dass ich sie zunächst einmal unterbringen konnte.

Irgendwie schien ich mich damit jedoch zu ihrem persönlichen Betreuer (oder ‚Dienstboten'?) gemacht zu haben. Gleich am nächsten Tag kam sie mit einem Stapel Papier in mein Büro und sagte in einem mir relativ barsch erscheinenden Ton: *„Herr Biere, du sollst mir das kopieren!"*

Das „*Du*" hätte ich ja noch akzeptiert, weil ich schon in China bemerkt hatte, wie schwer sich die Studenten mit dem deutschen Anredesystem tun. Dies mochte daran liegen, dass sich das englisch-amerikanische *you* oder die skandinavische Sitte des Duzens immer weiter verbreitet, vielleicht aber auch daran, dass die deutschen und chinesischen Dozenten unterschiedliche Anrede-Praktiken eingeführt hatten. So fragte mich bei einer ersten Stadtbesichtigung in Tianjin, wo ich mit dem Fahrrad vorsichtshalber an jeder Kreuzung anhielt (was die Chinesen damals offensichtlich für völlig unverständlich bzw. verkehrsbehindernd hielten) Liu Di belustigt: „*Herr Biere, kannst du kein Fahrrad fahren?*"

Das klang ganz anders als der von mir so wahrgenommene ‚Befehlston' der kleinen Inderin, den ich dann doch nicht kommentarlos hinnehmen wollte. Ich musste die Dame höflich darauf hinweisen, dass sie in mir keinen Dienstboten vor sich hatte, sondern einen wissenschaftlichen Kollegen, der seinerseits auch über keine Dienstboten verfügte (wenn auch immerhin über eine studentische Hilfskraft), und der seine Kopierarbeiten, wie vieles andere auch, in der Regel selbst erledigte.

Zwar sind auch in einem Forschungsinstitut durchaus Hierarchien vorhanden (es gibt einen Direktor, es gibt Abteilungsleiter usw.), aber die Hierarchien sind im wissenschaftlichen Alltag eher ‚flach', weil wir als Forscher die Gültigkeit unserer Aussagen nicht mit unserer Position oder Autorität begründen können, sondern allein durch wissenschaftliche Argumentation, in einem, wie es der Soziologe Jürgen Habermas in den 60-er Jahren genannt hat, idealiter „*herrschaftsfreien Diskurs*".

Unsere Inderin hatte sicherlich in Indien einen guten fremdsprachlichen Deutschunterricht durchlaufen, aber wie man sich in Deutschland, ich möchte einmal sagen, ‚unauffällig' oder auch ‚höflich' benimmt, jenseits irgendeines Kastensystems, das schien sie noch nicht so gut gelernt zu haben. (Tatsächlich messen manche Fremdsprachendidaktiker den Fortschritt im Erlernen einer Fremdsprache inzwischen auch daran, wie weit man in dem betreffenden Land nicht mehr ‚auffällt'.)

Nicht ‚aufzufallen', ist natürlich für eine Inderin im Sari ungleich schwerer als für eine Inderin, die ich einige Monate später kennen lernte: Sie war Christin und ihr Vater betrieb in Bombay ein kleines Kino. Gleichwohl war ich doch überrascht, wie (sprachlich und kulturell) ‚unauffällig' man sich auch als Inderin in Deutschland bewegen kann. Hat es vielleicht doch mehr als wir denken mit der jeweiligen religiösen Prägung zu tun, wie fremd uns eine Kultur erscheint?

Das ‚Fremde' einer Kultur mag tatsächlich zu einem großen Teil religiöse Hintergründe haben: Als mein jüngster Sohn mit seiner Frau von Marokko mit dem Schiff im spanischen Tarifa angekommen war, sei es für sie wie eine Erleichterung gewesen, wieder in Europa zu sein, gestand mir meine Schwiegertochter. Marokko als islamisch geprägtes Land bot offensichtlich eine völlig andere Art von Fremdheitserfahrung als ein mehrmonatiger Aufenthalt in San Salvador, wo die beiden kurz zuvor mit Straßenkindern gearbeitet hatten.

Deutsch als Zweitsprache

In allen Beispielen scheinen wir es mit dem Lernen des Deutschen als Fremdsprache zu tun haben. Aber vielleicht war die ‚Unauffälligkeit' jener zweiten Inderin ein Hinweis darauf, dass für sie Deutsch nicht (irgendeine) Fremdsprache, sondern Zweitsprache war. Sie lebte seit vielen Jahren in Mannheim mit einem deutschen Mann zusammen und hatte ihre fast perfekten Deutschkenntnisse auch nicht in Indien erworben, sondern weitgehend ungesteuert in Deutschland, auch wenn sie irgendwann noch einmal ein paar Deutschkurse in der Volkshochschule absolviert hatte. - Genauso geht es den Kindern aus Migrantenfamilien, die in relativ jungem Alter mit ihren Familien nach Deutschland kommen und Deutsch nicht als eine (beliebige) *Fremd*sprache bereits in ihrem Herkunftsland erlernt haben; sie ‚erwerben' Deutsch erst in Deutschland, also in einem weitestgehend deutschsprachigen Umfeld (wenn auch ggf. mit einem anderen familiensprachlichen Kontext).

Selbst mit dem Schuleintritt setzt für die Migrantenkinder nicht zwangsläufig ein planmäßiger, gesteuerter Erwerb des Deutschen als Fremdsprache ein. Auch wenn teilweise gezielte sprachliche Fördermaßnahmen angeboten werden, nehmen die Migrantenkinder ebenso wie Kinder von Asylbewerbern oder von Aussiedlern aus Polen oder Russland in den meisten Fällen schlicht am gleichen regulären Deutschunterricht teil wie die muttersprachlichen Kinder.

Dabei ist es keine Seltenheit, dass wir auf eine Grundschulklasse treffen, in der 10 verschiedene Nationalitäten mit 12 verschiedenen Muttersprachen vertreten sind (bei drei bis vier muttersprachlich deutschen Kindern!). In solchen Konstellationen wird es Aufgabe der Lehrkraft sein, die *sprachliche und kulturelle Heterogenität* in ihrer Klasse nicht zu ignorieren, sondern als Ausgangspunkt und Chance zur Förderung der Mehrsprachigkeit (aller Kinder) zu nutzen.

In jedem Fall erwerben die Kinder, eingebunden in einen primär deutschsprachigen soziokulturellen Zusammenhang, im primär muttersprachlichen Deutschunterricht nicht einfach *Fremdsprachen*kenntnisse, sondern sie erwerben das Deutsche als eine *Zweitsprache*, die neben ihrer jeweiligen Muttersprache, die in der Regel im familiären Bereich mit den Eltern und Geschwistern gesprochen wird, für sie das im weiteren sozialen Umfeld relevante Kommunikationsmedium darstellt.

Soziale und kulturelle Integration kann allerdings nicht wirklich gelingen, ohne die Basis eines soliden Erwerbs sprachlicher Kenntnisse und Fähigkeiten, die beim DaZ-Erwerb genauso unabdingbar sind wie bei DaF-Erwerb, wenn insbesondere auch der (ungesteuerte) DaZ-Erwerb nicht in einer ‚doppelten Halbsprachigkeit' stecken bleiben soll.

Grundfertigkeiten – Teilkompetenzen

Je nach den spezifischen Interessen der Lerner kann man im Unterricht ‚Deutsch als Fremdsprache (DaF)' durchaus unterschiedliche Akzente setzen und bestimmte ‚Teilbereiche' der jeweiligen Fremdsprache in den Vordergrund rücken. Dann streben wir nicht eine voll ausgebildete Kompetenz in der betreffenden Fremdsprache an, sondern möchten in erster Linie bestimmte Teilkompetenzen ausbilden, die wir uns aufgrund eines spezifischen (beruflichen oder privaten) Interesses aneignen möchten.

Vielleicht kommt es im Kontext allgegenwärtiger sprachlicher Heterogenität gar nicht mehr darauf an, dass alle alles können. Vielleicht reicht es in bestimmten Fällen beispielsweise aus, zwar eine bestimmte Fremdsprache sprechen zu können, diese jedoch nicht in allen Modalitäten (*mündlich und schriftlich, rezeptiv und produktiv)* gleichermaßen zu beherrschen. Vielleicht können sich die Interessen der Lerner durchaus einmal mehr auf rezeptive Fähigkeiten, ein anderes Mal mehr auf produktive Fähigkeiten richten, einmal mehr in der Mündlichkeit liegen, ein anderes Mal mehr in der Schriftlichkeit.

Zweifellos besteht unsere (muttersprachliche wie fremdsprachliche) *Kompetenz* im Idealfall darin, die jeweilige Sprache in all ihren Verwendungsweisen (Modalitäten) gleichermaßen zu beherrschen, rezeptiv wie produktiv, mündlich wie schriftlich. Aber selbst Muttersprachlern fällt es manchmal beispielsweise leichter zu sprechen als zu lesen, während es anderen wiederum leichter fällt zu schreiben als zu sprechen oder umgekehrt. Manche tun sich mit dem Sprechen schwer, anderen ist das Schreiben eine Last, wieder anderen das Lesen oder auch das Zuhören. Der eine schreibt professionell, der andere redet professionell, hat seine rhetorischen Fähigkeiten vielleicht von Berufs wegen besonders ausgebildet. Ein Dritter liest gern, vielleicht weniger professionell, aber mit Begeisterung, hat diesen Modus der Sprachverarbeitung also eher aufgrund eines privaten Interesses besonders ausgebildet. Wir kennen das von uns selbst, wenn wir, ohne wirklich die Zeit dazu zu haben, schnell noch ein wenig die Sprache unseres nächsten Urlaubslandes lernen möchten.

Wenn wir nach Spanien reisen, um dort Urlaub zu machen, eigne ich mir ein paar Kontaktformeln und etwas mehr an, im beruflichen Kontext dagegen benötige ich zumindest so viel *rezeptive* Spanisch-Kenntnisse, dass ich germanistische Fachliteratur auf Spanisch einigermaßen lesen und verstehen kann (was erstaunlich gut funktioniert, wenn man Lateinisch oder eine andere romanische Sprache beherrscht). Selbst für eine schlichte Kommunikation auf Spanisch reichen solche fachsprachlich rezeptiven Kenntnisse nicht aus, erst recht nicht dazu, passiv an einer Kommunikation unter spanischen Muttersprachlern teilzunehmen. Aber sie reichen eben für andere Arten von (kommunikativen) Zielen.

Produktiv, mündlich wie schriftlich, gelange ich noch schneller an die Grenzen meiner Ausdrucksmöglichkeiten. Aber immerhin ermöglichen mir Formulierungsmuster, über die ich verfüge, zumindest einen Teil von dem sagen zu können, was ich sagen will, wenn ich es auch längst nicht so sagen kann, wie ich es möchte: Ich unterliege einer der typischen lernersprachlichen Beschränkungen der Kommunikation, der sog. „*Bedeutungsreduktion*“, wie auch der Reduktion meiner grammatisch-syntaktischen Möglichkeiten. Meine Ansprüche an formal-sprachliche Korrektheit kann ich bis zu einem bestimmten Niveau im Prozess des Fremdsprachenlernens zurückstellen. Dann aber reicht es mir irgendwann nicht mehr, meine kommunikativen Ziele (irgendwie) erreichen zu können, ich möchte auch möglichst fehlerfrei (nicht nur halbwegs verstehbar) sprechen.

Die verschiedenen Modalitäten der Sprachverarbeitung oder des Sprachgebrauchs können, wie gesagt, auch von Muttersprachlern unterschiedlich gut beherrscht werden. Es sind spezifische Lern- oder Sprachgebrauchsumstände, die dafür verantwortlich sind, dass ich mir in der einen oder in der anderen Modalität mehr oder weniger ausgeprägte Fähigkeiten angeeignet habe.

Solche Unterschiede in unseren kommunikativen Fähigkeiten können aber auch in der Bereichs- oder Domänenspezifik der Kommunikation liegen, wie es sich in der unterschiedlichen sprachlichen Beherrschung einer fachspezifischen Thematik zeigt. Gerade hier, in der Verbindung von Sach- und Fachkompetenz, ist die Ausprägung unserer individuellen Sprachkompetenz verständlicherweise auch in der Muttersprache unterschiedlich.

Und genauso wollen wir auch in der Fremdsprache oft nicht die Sprache schlechthin lernen, sondern verfolgen mit dem Erlernen dieser oder jener Teilsysteme der Sprache je spezifische Ziele. Dementsprechend versuchen wir, spezifische Teilkompetenzen besonders auszubilden. Ungeachtet dessen dürfte es dürfte allerdings einen Bereich *sprachlichen (grammatisch-lexikalischen) Grundwissens* geben, das wir uns in jedem Fall auch während jeder interessengeleiteten Differenzierung aneignen müssen, eine Art Fundament: das *‚Fundamentum'*. Dazu gehören für mich beispielsweise die Grundregeln der Zuordnung von Buchstaben zu Lauten. Wenn ich einen Vortrag ins Spanische übersetzen lasse, dann muss ich zumindest in der Lage sein, diesen so ‚abzulesen', dass es halbwegs spanisch klingt, d.h. dass die spanischsprachigen Zuhörer mich verstehen.

Laut und Buchstabe

Obwohl ich es (theoretisch) besser wusste, machte ich bei einem Vortrag vor spanischen Germanistik-Studenten den Fehler, dass ich dort, wo auf dem Bildschirm *siguente* (‚weiter') anzuklicken war, halblaut las *s-i-g-**u**-e-n-t-e* und nicht sofort verstand, warum die Studenten schmunzelten. Denn es spricht sich natürlich [*s-i-g-e-n-t-e*], weil das *u* nur dazu dient zu verhindern, dass das *g* nicht *[ch]* ausgesprochen wird, wie es vor hellen Vokalen (wie z.B. *e* und *i*) regelmäßig der Fall ist.

Noch ein anderes Erlebnis zu Ausspracheschwierigkeiten in einer fremden Sprache: Selbst nachdem ich bereits einige Jahre als Gastprofessor im polnischen *Bydgoszcz* (Bromberg) gearbeitet hatte, fand ich es immer noch schwierig, die beiden Zischlaute, die im Polnischen in der Schrift durch *sz* und *cz* wiedergegeben werden, unmittelbar hintereinander zu auszusprechen: [*sch* + *tsch*]. Irgendwann trösteten mich die polnischen Studierenden, indem sie mir verrieten, dass sie als Muttersprachler das auch nicht richtig aussprechen könnten. Wenn ich jetzt genau hinhörte, hörte ich tatsächlich nur noch ein [*sch* + *t(sch*] – und so konnte ich diese schwierige Lautkombination auch aussprechen. Versuchen Sie es einmal, wenn diese Lautkombination am Wortanfang vorkommt: *Szczecin* (Stettin).

Fremdsprachendidaktisch wie muttersprachendidaktisch bewegen wir uns also einerseits stets im Kontext sprachlicher Heterogenität, andererseits aber auch im Kontext unterschiedlicher Lernerinteressen und dementsprechend unterschiedlicher *Teilkompetenzen,* an deren Erwerb wir jeweils besonders interessiert sind und die wir mehr oder weniger gut ausbilden möchten.

Bei allen spezifischen praktischen Lernerinteressen wird gleichwohl ein gewisses Maß an sprachlichem Grundwissen nötig sein, eben ein (grammatisches) *Fundament,* zu dem dann weiteres grammatisches und lexikalisches Wissen hinzugefügt werden kann. In besonderen Lerner-Wörterbüchern, die den Wortschatz nach Sachgruppen anordnen, und die man zur systematischen Erweiterung des Wortschatzes nutzen kann, finden wir in der Regel eine ähnliche Unterscheidung wie die zwischen *fundamentum* und *additum*, nämlich die zwischen *Grundwortschatz* und *Aufbauwortschatz.* Und in ähnlicher Weise kann ich auch grammatische Grundstrukturen (einfache Satzbaupläne) von komplexeren Strukturen unterscheiden, wie ich sie in Fachtexten oder in literarischen Texten vorfinde. Diese werde ich aber nur verstehen, wenn ich bereits die Grundstrukturen kenne.

Theorien zum Zweitspracherwerb

Grundsätzlich muss sich die Fremdsprachendidaktik, und damit auch die Didaktik des Deutschen als Fremd- oder

Zweitsprache fragen, wie wir uns theoretisch das Erlernen einer Fremdsprache überhaupt vorstellen können. Analog zu Theorien des Erstspracherwerbs müssen wir uns deshalb auch mit *Theorien* des Fremd- und Zweitsprachenerwerbs beschäftigen.

Müssen Theorien des Fremdspracherwerbs (oder wie wir besser sagen sollten: des Fremdsprachen*lernens*), eine grundsätzlich andere Frage klären als Theorien des Erstspracherwerbs? – Ich denke, wir können diese Frage bejahen: Es ist etwas wesentlich anderes, wenn man eine zweite Sprache *erlernt,* als wenn man seine Muttersprache *erwirbt,* obwohl man gerade das, was wir *Zweitsprache* genannt haben, durchaus auch wie die Muttersprache ‚erwerben' kann, wenn es sich dabei nicht um einen durch irgendeine Form von Sprachunterricht gesteuerten oder angeleiteten Lernprozess handelt.

Trotz solcher nicht ganz eindeutigen Übergänge zwischen Erstspracherwerb (L1-Erwerb) und Fremd- bzw. Zweitsprachenerwerb (L2-Erwerb) können wir wie beim Erstspracherwerb auch beim Zweitsprachenerwerb zwei theoretisch grundsätzlich verschiedene Erklärungsansätze unterscheiden: einen (traditionellen) *behavioristischen* Ansatz und einen (modernen) *kognitiv-konstruktivistischen* Ansatz.

Kontrastive Analyse

Im Rahmen einer behavioristischen Lerntheorie wurde in den frühen 50-er Jahren die *kontrastive* Betrachtung des Fremdsprachenlernens bevorzugt. Hier wird auch der Unterschied zum Erstspracherwerb offensichtlich. Der Fremdsprachenlerner beginnt ja nicht wie das Kind sprachlich bei Null, sondern er beherrscht bereits, zumindest wenn wir an erwachsene Lerner denken, mindestens eine erste Sprache, in der Regel seine Muttersprache. In diesem Sinn könnten wir anstatt von ‚Fremdsprachenerwerb' auch generell von ‚Zweitsprachenerwerb' sprechen, denn es ist in jedem Fall eine *zweite* Sprache, die im Fremdsprachenerwerb zusätzlich zur *ersten* Sprache ‚erworben' bzw. ‚erlernt' wird. Wird dann noch eine weitere Sprache erworben, sprechen wir von ‚Drittspracherwerb' oder ‚L3-Erwerb'.

Die *kontrastive Analyse* bietet eine Erklärungsmöglichkeit für die Beobachtung, dass Lerner mit unterschiedlichen Muttersprachen offensichtlich z.T. unterschiedliche Probleme mit dem Erlernen/ Erwerb des Deutschen als Fremdsprache/ Zweitsprache haben. Dies liegt daran, dass sie Eigenschaften ihrer jeweiligen Muttersprache auf die zu erlernende Fremdsprache übertragen. Die Linguisten sprechen hier von *‚Interferenzen'* und unterscheiden positive (d.h. erwünschte, richtige) und negative (d.h. unerwünschte, fehlerhafte) Interferenzen. Solche Interferenzen können auf allen Ebenen des Sprachsystems auftreten, nicht zuletzt auf phonetisch-phonologischer Ebene, besonders jedoch bei grammatischen, aber auch bei semantischen Phänomenen (‚falsche Freunde').

Positive und negative Interferenzen

Wer Interferenzen macht, schlussfolgert, dass sich ein bestimmtes sprachliches Phänomen in der Zielsprache analog verhält wie in der jeweiligen Ausgangssprache, der Muttersprache des Lerners (ggf. auch in einer weiteren erlernten Fremdsprache); der Lerner überträgt dann die entsprechenden Regeln von seiner Muttersprache in die Fremdsprache (‚Transfer'): Manchmal ist das richtig (positive Interferenz), manchmal aber auch falsch (negative Interferenz). Behavioristisch gesehen, müsste man nun die positiven, richtigen Interferenzen ‚verstärken', die negativen, falschen Interferenzen dagegen zu unterbinden versuchen. Dabei wird man unter Umständen allerdings einen gegenteiligen Effekt erzielen, wenn nämlich die Verstärkung zu einer Übergeneralisierung oder Hyperkorrektheit führt.

Kognitiv-konstruktivistisch gesehen, würde man in jedem Fall erst einmal die Bildung einer Regel durch den Lerner würdigen. Erweist sich die gebildete Regel dann als nicht zutreffend, wird der Lerner dies im weiteren Sprachgebrauch selbstständig bemerken und die Regel entsprechend verändern bzw. spezifizieren, ähnlich wie er das im primären Spracherwerb tut.

Beispiel: Artikellose Sprachen

Verdeutlichen wir uns solche Interferenzen noch einmal an einem Beispiel: Lerner mit einer Muttersprache, in der es keinen bestimmten Artikel gibt, werden beim Erwerb des deutschen Artikelsystems vielleicht größere Schwierigkeiten haben als Lerner, deren Muttersprachen den bestimmten Artikel aufweisen (obwohl es bei unterschiedlichen Genera der Artikel auch häufig zu negativen Interferenzen kommt; s.u.). So gibt es beispielsweise im Türkischen, aber auch im Polnischen, keinen bestimmten Artikel. Wenn man dies als Deutschlehrer weiß, wird man besser verstehen, warum der Erwerb des deutschen Artikelsystems französisch- und selbst englischsprachigen Lernern eventuell leichter fallen könnte.

Andererseits haben diese Lerner aber oft Probleme mit dem Genussystem, das nicht unbedingt mit dem in ihrer Muttersprache übereinstimmen muss: Das Englische kennt nur einen einzigen bestimmten Artikel, *the,* während das Französische nur einen maskulinen (*le*) und einen femininen (*la*) kennt, aber keine Entsprechung zum deutschen Artikel im Neutrum (*das*) hat.

Würden polnischsprachige Deutschlerner nun ihr Artikelsystem, das über keinen bestimmten Artikel verfügt, auf das Deutsche übertragen, würden sie auch im Deutschen (fälschlicherweise) die Substantive ohne Artikel verwenden. Dann hören wir solche Sätze, mit denen wir gelegentlich den slawischen ‚Akzent' imitieren: *Schüler lesen Buch.* Was genau, fragt der deutsche Muttersprachler, wird hier von wem gelesen: liest der Schüler oder lesen die Schüler irgendein beliebiges Buch, viele Bücher, ein ganz bestimmtes Lehrbuch oder das Buch, das der Lehrer gestern zu lesen empfohlen hat?

Wer also das System des bestimmten Artikels (mit Genus, Numerus und Kasus) im Deutschen erlernen will, hat eine ganze Menge zu beachten. Und der unbestimmte Artikel und auch die im Deutschen ebenfalls möglichen artikellosen Formen kommen noch hinzu. Aber das Polnische ist deshalb nicht ‚einfacher' als das Deutsche. Während das Deutsche vier Kasus (‚Fälle') hat, kennt das Polnische sechs Fälle. Und überdies werden auch die Eigennamen, einschließlich der Städtenamen, ebenso wie die Substantive flektiert. Während also auf der einen Seite die polnischen Deutsch Lernenden Schwierigkeiten mit dem Artikel haben könnten, bereitet den Polnisch lernenden Deutschen auf der anderen Seite vielleicht das komplexere Kasussystem des Polnischen Schwierigkeiten.

„Do Gdańska"

Als ich am Fahrkartenschalter in Poznań eine Fahrkarte nach Gdansk (Danzig) kaufen wollte, hatte ich vorher im Wörterbuch nachgeschaut: *nach* heißt *do*, also ganz einfach *do Gdańsk.* Die Dame am Schalter schaute mich dann aber ein wenig irritiert an und fragte zurück: *do Gdańska?* Anstatt ungeduldig zu insistieren *ja, sage ich doch, do Gdańsk,* hatte ich eine Vermutung: Handelte es sich vielleicht um eine implizite Korrektur? Hieß es in Wirklichkeit *do Gdańska*? Ich erinnerte mich an die Flektierbarkeit der Eigennamen im Polnischen und daran, dass ich in der Ankündigung meiner Lehrveranstaltungen nicht *Biere,* sondern *Bierego* oder *Bieregem* vorgefunden hatte. Also wiederholte ich wie ein braver Schüler: *tak* (‚ja')*, do Gdańska.* Nachdem es mir dann noch gelang, eine Rückfahrkarte auf Polnisch zu kaufen, stand dem Wochenendausflug an die Ostsee, die auf Polnisch nicht „Ostsee", sondern *Baltyk* (‚baltisches Meer') heißt, nichts mehr im Wege. Auch hier wäre die wörtliche Übersetzung von *‚Ost-see'* eine negative, d.h. falsche Interferenz gewesen.

Schön sauber

Als ich eine Zeitlang in den Niederlanden, in der Provinz Zuid Limburg in der Nähe von Aachen, gelebt habe, fiel mir immer wieder eine Schrift auf dem Gehweg auf: *schoon houden!* Was sollte das heißen: *schon halten*? Oder vielleicht *schön*? Aber wie sollten die Fußgänger ihren Bürgersteig ‚schön halten'? Die Lösung des Problems war natürlich eine sprachliche: *schoon* heißt im Niederländischen nicht *schön*, sondern *sauber.* Und das *sch* entspricht nicht unserem *sch* (wie in *schön*), sondern ist ein *s-ch* (*also: s-choon*). Na gut, dachte ich, dann halten wir den Gehweg mal schön sauber.

Aber transferieren Sie die Aussprache des *s-ch* im Niederländischen jetzt bitte nicht ins Italienische: *Tonio Schiavo* heißt dort weder [*Sch-iawo*] mit deutschem *sch,* noch [*S-chiavo*] mit niederländischem *s-ch,* sondern wie wir schon vom *Chianti* wissen: [*S-kiawo*]. Und lassen Sie sich in einer Vinothek niemals einen teuren *Rioja* als [*Rio-ja*] andrehen: Es sollte in diesem Ambiente auch sprachlich professionell zugehen, also immer ein [*Rio-cha*] sein (*ch* hier gesprochen wie im deutschen Wort *Bach*).

Eine ganze Reihe falscher Transfers, negativer Interferenzen also. Anders ist es, wenn Sie im Bahnhof eine Hin- und Rückfahrt bestellen möchten, einmal hin und zurück: *tam i z powrotem* (polnisch für: ‚hin und zurück'), *ida y vuelta* (spanisch für: ‚Hinfahrt und Rückfahrt'), *andata e ritorno* (italienisch für: ‚Hinfahrt und Rückfahrt'). Hier können Sie weitgehend positive Interferenzen machen; natürlich müssen Sie immer noch übersetzen, aber die Bildungsmuster sind in den genannten Beispielen zumindest ähnlich.

Manchmal sind die Nichtübereinstimmungen aber auch differenzierter. Denkt man, dass man im Italienischen *buon giorno* und *buona sera* analog zum deutschen *Guten Tag* und *Guten Abend* verwenden kann, so muss man doch bedenken, dass der Abend in Italien sprachlich bereits nach dem (allerdings späten) Mittagessen beginnt. Ähnlich im Spanischen, wo man sich am Nachmittag (nach dem Essen) mit *buenas tardes* begrüßt, am späteren Abend jedoch mit *buenas noches*, was dann noch etwas später auch noch ‚Gute Nacht' bedeutet.

Konstruktivistische Auffassungen des Zweitspracherwerbs

Heute werden zumindest theoretisch überwiegend konstruktivistische Vorstellungen vom Fremdsprachenlernen vertreten. Wenn wir uns den Lernprozess als einen konstruktiven, kognitiv-aktiven Prozess des Lerners vorstellen, wäre es für den Prozess des Fremdsprachenlernens eher kontraproduktiv, dem Lerner in einem systematischen Kurs beispielsweise einen Satz grammatischer Regeln einfach vorzugeben, um ihm damit eigene kognitive Aktivitäten vielleicht ersparen zu wollen.

Sinnvoller erscheint es uns heute, authentisches Sprachmaterial bereitzustellen, mit dem sich der Lerner kognitiv-aktiv auseinandersetzen kann, Material, aus dem er selbstständig, aber auch im kommunikativen Austausch mit anderen Lernern, Regeln erschließen kann. Ein solches Verfahren erscheint besser geeignet, den nunmehr weitgehend autonom verstandenen Auf- und Ausbau der fremdsprachlichen Kompetenz des Lerners, einer Art Regelkompetenz, zu gewährleisten.

Unterrichtsverfahren

Traditionell stellen wir uns den Fremdsprachenunterricht (und wohl auch den Unterricht ‚Deutsch als Fremdsprache') wahrscheinlich zunächst so vor, wie wir den Fremdsprachenunterricht aus unserer eigenen Schulzeit kennen, beispielsweise eine Englisch- oder Französischstunde, in der es das eine Mal vielleicht bestimmte grammatische Regeln erklärt und geübt, ein anderes Mal Kurzgeschichten nacherzählt werden, bis man schließlich den ersten Shakespeare-Text im Original lesen darf.

Tatsächlich war auch mein Unterricht an der Fremdsprachenhochschule in Tianjin (China) oder in Bydgoszcz (Polen) Unterricht in einer ‚Klasse'. Ich stand dort als Lehrer *vor* der Klasse wie auf einer Bühne. Die Studierenden verhielten sich, mehr als mir lieb war, ziemlich passiv, redeten nur, wenn sie gefragt wurden, lasen oder schrieben unter dem Tisch wohl auch die eine oder andere lebenswichtige SMS. Sie verhielten sich komplementär zu meiner aktiven Lehrerrolle passiv, so wie wir uns ‚richtige' Schüler und ‚richtigen' Unterricht traditionell vorstellen: Sie saßen auf unbequemen Stühlen, manchmal noch auf Bänken, so dass ich mich zurückversetzt fühlte in eine andere Zeit - nicht in *meine* Schulzeit, sondern fast in die meiner Eltern.

Ein derartiger ‚*Frontalunterrichts*' läuft traditionell in einem Dreischritt ab: *Lehrerfrage oder Impuls – Schülerantwort – bewertende Lehreräußerung.* Aus der Sicht der Schüler wie der Lehrer ist es das Hauptziel eines solchen Sprachunterrichts, dass die Schüler möglichst fehlerfreie Äußerungen in der Fremdsprache produzieren. Machen sie Fehler, werden diese vom Lehrer umgehend als ‚falsch' bewertet und ggf. korrigiert, so dass der Schüler dann die korrekte Form noch einmal wiederholen kann.

Es liegt auf der Hand, dass wir einen solchen dressurähnlichen Unterricht, dessen ‚Erfolge' meistens nur von kurzer Dauer sein dürften, kaum ‚Unterrichts*gespräch*' nennen können. Wenn von ‚*Unterrichten als Dialog*' oder von einem ‚*kommunikativen Unterricht*' die Rede ist, stellen wir uns etwas anderes vor als reine Frage-Antwort-Sequenzen, auch wenn diese bereits ein wenig kommunikativer erscheinen als reine Lehrer*monologe*: ‚*Wenn alles schweigt und einer spricht, das nennt man Unterricht*'.

Dialoge sind zwar auch Frage-Antwort-Sequenzen, für den Begriff des Dialogs ist jedoch die prinzipielle Möglichkeit unverzichtbar, dass die jeweiligen Rollen, Fragender oder Antwortender, von den Partnern frei und wechselweise eingenommen werden können. Wenn ausschließlich der Lehrer Fragen stellt, die die Schüler beantworten *müssen,* könnten wir in diesem Sinn also nicht von einem Dialog sprechen.

Fehlende Lernerfolge

Man kann mit einem derart gut strukturierten und von Eigenaktivitäten der Schüler nicht ‚gestörten' Unterricht zwar relativ gut im Stoff vorankommen, sein ‚Pensum' erledigen, der (dauerhafte) Lernzuwachs der Schüler wird jedoch eher gering bleiben, insbesondere wenn es um den Erwerb kommunikativer Fähigkeiten geht.

Ein solcher Unterricht entspricht keiner ‚normalen' Gesprächssituation und es werden auch keine natürlichen Gespräche in der Fremdsprache geführt. So hatte ich in meinem schulischen Fremdsprachenunterricht, Englisch und Französisch, vor allem gelernt, literarische Texte zu lesen und einigermaßen zu verstehen (auch mit Benutzung des Wörterbuchs) und Inhaltsangaben oder Nacherzählungen dazu zu schreiben. Als ich dann aber mit siebzehn das erste Mal mit einem Freund nach Paris fuhr, wo wir eine Brieffreundin besuchten, bei ihrer Familie zum Essen eingeladen wurden und auch ihre Tennis spielenden Freunde kennen lernen durften, verstanden wir fast nichts und es fiel uns tatsächlich noch schwerer, ein kleines Gespräch auf Französisch zu führen, als die kleinen Erbsen, die als zweiter Gang serviert wurden, mit der Gabel in den Mund zu befördern. Und meine Brieffreundin und ihre französischen Freunde sprachen untereinander ein Französisch, wie es uns im Französischunterricht kaum zu Ohren gekommen war, so dass wir wieder einmal, nicht nur aufgrund des enormen Sprechtempos, so gut wie nichts verstanden.

Bei dem offensichtlich ‚veralteten' und größtenteils literarisch stilisierten Französisch, das wir in der Schule gelernt hatten, brauchte ich mich nicht zu wundern, dass ich mich richtig gut mit Marie-Chantals *grand-mère* unterhalten konnte, während ihre Freunde sie zu einem Tennis-Match ‚entführten'.

Kommunikativer Unterricht

Wir denken heute, dass ein Fremdsprachenunterricht effektiver ist, wenn er Elemente eines mehr oder weniger ungesteuerten Fremdsprachenerwerbs aufzugreifen versucht. So kann man beispielsweise versuchen, den Unterricht als eine Abfolge möglichst authentischer Kommunikationssituationen zu organisieren, in denen das, was in der Fremdsprache gesagt oder geschrieben werden muss, eine (möglichst reale) kommunikative Funktion erfüllt. Dann wären Schüler wie Lehrer tatsächlich an ‚echten' Mitteilungen interessiert, die nicht nur unter dem Aspekt der sprachlichen Korrektheit, sondern vor allem auch unter dem Aspekt der kommunikativen Adäquatheit zu beurteilen wären.

Als ich bei einem Ferienaufenthalt in Frankreich meinen achtjährigen Sohn zum Brötchen kaufen schicken wollte, schaute er mich fragend an: *Ich kann doch gar kein Französisch.* Als ich ihm Mut machte (*Das kannst du schon! Und ‚Brötchen' heißt ‚petits pains'),* lief er mit der Einkaufstasche los. Und wie sollte es anders sein, nach einer guten Viertelstunde kam er mit der korrekten Anzahl an Brötchen (sieben) zurück. *Gut hast du das gemacht!* Aber er hat mir nicht verraten, wie er die real kommunikative Aufgabe gelöst hat: *Trick siebzehn!* - Also schicken wir unsere Schüler im Ausland einkaufen, denn in Deutschland wird es schwierig, auf Französisch einzukaufen; aber vielleicht könnten wir es im türkischen Gemüseladen um die Ecke schon mal auf Türkisch versuchen?

Aber auch im Unterricht selbst gibt es tatsächlich eine ganze Reihe authentischer Sprachlernsituationen, in denen die die Schüler versuchen sollten, alle realen kommunikativen Bedürfnisse in der Fremdsprache zu realisieren, also z.B. Fragen nach den Hausaufgaben stellen, darum bitten, austreten zu dürfen, sich für ein krankheitsbedingtes Fehlen entschuldigen, Verabredungen für den Nachmittag treffen und vieles mehr.

Natürlich könnten wir als Lehrer auch Originaltexte in der Fremdsprache mitbringen oder mit den Schülern im Internet recherchieren, nicht die Komödien von Molière oder ein Drama von Jean-Paul Sartre lesen, sondern Angebote für Fotokameras oder Notebooks, Plakate, Ankündigungen, Programmhefte, Kochrezepte, was immer sich an Gebrauchstexten im Alltag findet. Am engagiertesten waren meine polnischen Studentinnen, als sie mir am Ende meines Aufenthalts ihr spezielles Bigos-Rezept (oder war es das Rezept ihrer Mutter?) aufschreiben durften. (‚*Bigos*' ist ein Eintopfgericht aus frischem Kohl und Sauerkraut, mit allem, was Sie an Wurst oder Fleisch auftreiben können, und kann fast so lange schmoren, wie ein echtes französisches ‚*Ratatouille*').

Immersion

Ein wirkliches ‚Sprachbad', in das wir ‚eintauchen', wie es die Immersionstheorie vorsieht, ist es freilich noch nicht, wenn wir ein paar Kochrezepte austauschen. Denn im Idealfall müsste die gesamte kommunikative Umgebung die Fremdsprache sprechen und wir dürften uns ausschließlich in der betreffenden Fremdsprache verständigen.

Dies wäre prinzipiell beim ungesteuerten Fremdspracherwerb der Fall, wenn wir uns in ein fremdes Land begeben, vielleicht um dort zu arbeiten und zu leben und sozusagen nebenbei auch noch die betreffende Landessprache zu lernen - die dann immer mehr zur Zweitsprache wird, wenn wir vielleicht ein halbes Leben lang dort bleiben. Allerdings entspricht eine solche komplett einsprachige Kommunikationssituation heutzutage kaum mehr der Realität, weil alle, die es irgendwie können, auch *ihre* jeweiligen fremdsprachigen Kompetenzen einzusetzen versuchen, um kommunikativ erfolgreich zu sein.

„Man spricht deutsch“

So sind selbst im Langzeiturlaub auf Mallorca (jeder sagt inzwischen perfekt *Majorka,* wie man es im Polnischen tatsächlich auch schreibt), die Chancen, in die fremde Landessprache ‚einzutauchen’, nicht immer optimal. Erinnern Sie sich an den Mallorca-Film von Gerhard Polt, der den Titel trug *„Man spricht deutsch...“* (auf Mallorca natürlich)? Tatsächlich zeichnet sich die Kundenorientierung gerade in den Urlaubsregionen immer mehr dadurch aus, dass man, wie es die Marketing-Theorien lehren, die Sprache des Kunden spricht bzw. zumindest zu sprechen versucht (was wir natürlich entsprechend wertschätzen). Umgekehrt müssten wir es auf Mallorca dann allerdings eher mit *mallorquín* als mit dem kastilischen Schulspanisch versuchen, also mit der mit dem Katalanischen verwandten Regionalsprache auf Mallorca.

Als wir einmal in einem türkischen Hotel, in dem das Personal fast perfekt deutsch sprach, zum Frühstück einen zusätzlichen Orangensaft mit fünf Euro extra bezahlen mussten, hätte man denken können, alles habe eben sein Preis, wie vielleicht auch die Bedienung des Gastes in seiner Muttersprache. Am Rande eines gegenüber dem Hotel gelegenen Parkplatzes presste ein türkischer Bauer aus dem Hinterland den O-Saft dagegen noch frischer, und das für nur einen Euro. Auch er sprach ein wenig Deutsch und als wir ihn fragten, ob er schon einmal in Deutschland gewesen sei, antwortete er gewitzt: *Hier ist Deutschland.*

Darüber, was er uns damit wohl sagen wollte, können Sie ruhig ein wenig spekulieren. Ich wollte damit ein Beispiel dafür geben, dass es manchmal gar nicht so leicht ist, in einem Urlaubsland wirklich Erfahrungen mit der jeweiligen Landessprache zu machen. Denn wenn Sie versuchen ‚einzutauchen‘, treffen Sie auf andere Sprachlerner, die das zwar auch versuchen, jedoch umgekehrt, indem sie die Muttersprache des Kunden, in diesem Fall also Deutsch sprechen. Oder heißt die Devise auch hier inzwischen (wie bei den Kindern in China): *‚practicing English’*.

Auch in den spanischen Flughäfenbüros der Autovermietungen habe ich am Schalter kaum jemanden getroffen, der nicht perfekt Deutsch gesprochen hätte, der dann aber tatsächlich, wie ich richtig vermutet hatte, als Kind spanischer Arbeitsmigranten in Deutschland aufgewachsen und zur Schule gegangen war. Offensichtlich finden wir immer mehr junge, mehrsprachig aufgewachsene Menschen, die von ihrer Mehrsprachigkeit jetzt auch im Beruf profitieren können.

Im Kontrast dazu will ich noch ein anderes Mehrsprachigkeits-Erlebnis erzählen, wo es weder um einen Migrationshintergrund, noch um wirtschaftliche Interessen ging; ein Erlebnis in einem polnischen Zugabteil auf der Fahrt von Poznań nach Gdańsk, von Posen nach Danzig: Ich saß mit einem älteren Herrn allein im Zugabteil, hatte, als er nach mir ins Abteil kam, seinen polnischen Gruß auf Polnisch zu erwidern versucht. Eine Weile das übliche Schweigen zwischen Unbekannten, dann sprach mich der Herr auf Polnisch an – und ich verstand natürlich nicht, worum es ging.

Für genau solche Fälle des kommunikativen Scheiterns hatte ich aus dem Sprachführer (mit einiger Mühe!) den Satz *Ich verstehe kein Polnisch, sprechen Sie Deutsch*? auf Polnisch gelernt: *Nie rozumiem po polsku, czy pani móvi po niemecku*? Was denken Sie, antwortete der polnische ältere Herr? Er antwortete in perfektem Deutsch: *Dafür sprechen Sie aber ganz gut Polnisch.* Bis der Zug in *Gdańsk Glówna* einlief, und mein Begleiter mich aufklärte, dass dies kein Vorort von Danzig sei, sondern der Hauptbahnhof, hatten wir ein anregendes Gespräch geführt, nicht auf Polnisch, sondern natürlich auf Deutsch, mitten in Polen.

Und noch ein letztes (Urlaubs-)Erlebnis zu den scheiternden Versuchen, im Urlaub in der jeweiligen Landessprache zu kommunizieren: Vor unserem ersten Urlaub in Portugal, an der Algarve, hatte ich versucht, mir ein paar Wörter Portugiesisch anzueignen und mich mit der Eigenart der portugiesischen Nasale vertraut zu machen. Wenn mir dann aber öfter als die portugiesischen Wörter die spanischen einfielen, korrigierte man mich nicht so, dass man mir die portugiesischen Wörter vorgesprochen hätte, sondern so: ‚*Das war aber Spanisch. Sie können ruhig Deutsch sprechen*'.

Na gut, dachte ich, wenn in den Hotelbewertungen, die ich in den Reiseportalen im Internet finde, immer wieder hervorgehoben wird, dass das Personal ausgezeichnet Deutsch spricht, muss das wohl ein Qualitätsmerkmal des Hotels sein, das, wie gesagt, die Sprache seiner Kunden spricht. Aber gibt es für den Urlauber, der sich auch ein wenig mit der jeweiligen Landesprache anfreunden möchte, wirklich keine Chance in das Sprachbad einzutauchen? - Doch, aber wohl eher in ein polyphones ‚*Sprach**en**bad'.* Andererseits: Wenn Sie die jeweilige Landessprache bereits relativ gut sprechen, wird man sich mit Ihnen durchaus in der Landesprache verständigen. Es ist immer eine Frage der jeweils adäquaten Sprachenwahl und manchmal kann man auch in zwei Sprachen adäquat kommunizieren, indem jeder der Partner seine Muttersprache spricht.

Bilingualer Unterricht

Versucht man ein solches ‚*Sprachbad*', in das wir ganz und gar eintauchen, didaktisch-methodisch zu ‚inszenieren', um weitgehend immersionsähnliche Sprachlernsituationen zu schaffen, kann man über den durchgängigen Gebrauch der jeweiligen Fremdsprache im Sprachunterricht hinaus auch den *Sachfach-Unterricht* in der jeweils zu lernenden Fremdsprache, also z.B. in Französisch oder Englisch, abwickeln. Solche Konzepte sind gezielt umzusetzen versucht worden in verschiedenen Formen des *bilingualen Unterrichts,* bei dem verschiedene Sachfächer, wie z.B. Geographie oder Geschichte, durchgängig in der Fremdsprache unterrichtet werden. Dies ist im Grunde nichts Ungewöhnliches, denn in vielen Ländern der Dritten Welt waren Englisch, Französisch oder Spanisch die Unterrichtssprachen, während die jeweiligen Muttersprachen der Schüler andere waren. Momentan scheinen die kanadischen Immersionsprogramme relativ erfolgreich zu sein, bei denen im zweisprachigen Kanada die Kinder anglophoner Eltern im bilingualen

Unterricht weitaus bessere Französischkenntnisse erlangen als im herkömmlichen Fremdsprachenunterricht.

Was sich zunächst auf zwei- oder mehrsprachige Länder auch in Europa (wie z.B. die Schweiz, Belgien, Luxemburg) übertragen ließe, könnte schließlich auch ein Konzept zur Förderung der Mehrsprachigkeit in ganz Europa sein. Auch in Deutschland gibt es bereits eine Reihe bilingualer Schulen, vor allem im Gymnasialbereich, die entweder Englisch oder Französisch als Unterrichtssprache einsetzen oder aber in den Grenzregionen die ‚Sprache des Nachbarn' aufgreifen, sei es als Unterrichtsprache oder auch nur als Fremdsprachenangebot, wie z.B. das Niederländische im Westen (Aachen), das Polnische im Osten (Frankfurt/Oder) oder das Dänische im Norden.

Ohne längere sprachorientierte *Auslandsaufenthalte* würde allerdings jedes inländische Immersionsprogramm in nicht mehrsprachigen Ländern wohl zu kurz greifen und letztlich künstlich bleiben, so dass gleichzeitig vielfältige Maßnahmen zur Förderung der Mobilität ergriffen werden müssten, wie es seit einiger Zeit im Rahmen verschiedener EU-Programmschwerpunkte (Erasmus/ Sokrates/ Lifelong Learning; Comenius und Leonardo) geschieht: Vielfältige, differenzierte Programme, die für Schüler, Studenten und Dozenten sowie Praktikanten mit EU-Mitteln gefördert werden.

Tandem-Lernen

Als Vorform einer Art wechselseitiger Immersion könnte man das Tandem-Lernen betrachten, das Menschen unterschiedlicher Muttersprachen zusammenführt und jedem Partner im Tandem ermöglichen soll, unter möglichst natürlichen Bedingungen, ggf. auch ungesteuert, die Sprache des anderen zu lernen. - Bildeten sich derartige ‚Tandems' früher in Form von Brieffreundschaften, die oft aus Schul- oder Städtepartnerschaften hervorgingen, so sind heute SMS, e-mail und vielfältige soziale Netzwerke wie Facebook oder Twitter nicht nur ideale Plattformen für ein- und mehrsprachige Blogger, sondern sie könnten tatsächlich auch als interaktive Sprachlernplattformen genutzt werden.

Auch wenn es dabei in erster Linie um kommunikativen Austausch geht, könnte man sich durchaus vorstellen, dass Elemente von gesteuerten Sprachlernprozessen aufgegriffen werden, dass man sich z.B. gegenseitig sprachlich korrigiert oder ein sprachliches Phänomen erklärt. Der Übergang vom ungesteuerten Immersionslernen zu einem regelrechten Sprach*unterricht* im Tandem ist dennoch auch kritisch zu sehen, weil, wie schon gesagt, der Muttersprachler nicht auch per se ein guter Fremdsprachenlehrer ist: Manche Probleme, die sich für den Lerner des Deutschen als Fremdsprache stellen, nimmt der Muttersprachler schlicht nicht wahr und wird sie auch kaum angemessen erklären können, weil er seine Sprache weitgehend unreflektiert beherrscht; er hat sie nicht mühsam *erlernt*, sondern mehr oder weniger mühelos im primären Spracherwerb *erworben.*

Lektüreempfehlungen

Zum Themengebiet ‚*Deutsch als Fremdsprache*'/ ‚*Deutsch als Zweitsprache*' gibt es inzwischen zahlreiche gute Einführungen, auf die ich auch bei der Konzeption dieses Kapitels zurückgreifen konnte.

Empfehlenswert erscheinen mir nach wie vor:

Huneke, Hans-Werner/ **Steinig**, Wolfgang: *Deutsch als Fremdsprache. Eine Einführung.* Berlin: Erich Schmidt Verlag. 5., neu bearbeitete und erweiterte Auflage 2010.

Rösch, Heidi: *Deutsch als Zweit- und Fremdsprache.* Berlin: Akademie Verlag 2011.

Einen umfassenden Überblick über die verschiedensten Aspekte des Deutschen als Fremdsprache geben auch die beiden

Bände der Reihe „Handbücher zur Sprach- und Kommunikationswissenschaft“ (HSK):

Helbig, Gerhard/ **Götze**, Lutz/ **Krumm,** Hans-Jürgen (Hg.): *Deutsch als Fremdsprache. Ein internationales Handbuch.* 2 Bde. Berlin/ New York: de Gruyter 2001.

Speziell mit (didaktischen) Fragen des Deutschen als *Zweitsprache* befassen sich:

Kniffka, Gabriele/ **Siebert-Ott**, Gesa: *Deutsch als Zweitsprache. Lehren und Lernen.* 3. Aktualisierte Auflage. Paderborn: Schöningh 2012 (UTB-Band 2819).

Zu Fragen des interkulturellen Lernens:

Heringer, Hans Jürgen: *Interkulturelle Kommunikation.* Tübingen/ Basel: A. Francke Verlag, 4., überarbeitete und erweiterte Auflage 2014.

2 Grammatik des Deutschen: Sätze und Texte

Wie ‚kommunikativ' wir auch eine Fremdsprache lernen, ob in einem Immersionskontext, im Tandem, im Inland oder im Ausland oder einfach mit einem Lehrbuch, so haben wir es dabei immer auch mit den *grammatischen Strukturen* der zu lernenden Sprache zu tun. Andererseits haben wir es aber auch mit einem prinzipiell unendlichen *Wortschatz* (für den Lerner mit ‚Vokabeln') zu tun: mit einem relativ gut abgrenzbaren Grundwortschatz einerseits und einem prinzipiell unbegrenzten Aufbauwortschatz andererseits, der nicht bei zehn und auch nicht bei zwanzig Tausend Wörtern endet. Denn durch die Möglichkeiten der Wortbildung (Neubildungen, Ableitungen, Wortzusammensetzungen) können wir unseren individuellen Wortschatz und damit auch den Wortschatz unserer Sprache beständig erweitern.

Umgekehrt können natürlich nicht nur neue Wörter gebildet werden, sondern manche Wörter können auch ‚veralten', so dass sie irgendwann gar nicht mehr verwendet werden. So wird beispielsweise – außer in der Schweiz – heute kaum noch jemand *Perron* statt *Bahnsteig* sagen und dementsprechend ist das Wort im DUDEN-Fremdwörterbuch als ‚veraltet' gekennzeichnet. Und auch die Alternative zwischen *Bürgersteig* und *Trottoir* existiert zumindest für jüngere Sprecher heute wohl kaum noch.

Laut – Wort – Satz

Zwei Kapitel, die vermutlich jede traditionelle Grammatik einer Sprache enthalten wird, sind „*Das Wort*" und „*Der Satz*". In dieser Aufteilung kann man unter „Grammatik" also nicht nur den Aufbau des einfachen und des komplexen Satzes (*Syntax*) verstehen, sondern auch die Struktur des Lexikons (*Le-*

xikologie), die Bildung von Wörtern aus kleineren Bestandteilen, sog. lexikalischen und grammatischen Morphemen und die Wortbildung (*Morphologie*). Nicht zur Grammatik gerechnet werden üblicherweise die *Semantik* und *Pragmatik*, bei denen es um die Bedeutung von Wörtern und Sätzen und um das ‚sprachliche Handeln' in Sprachverwendungssituationen geht. Gelegentlich werden diese eher am *Sprachgebrauch* als am *Sprachsystem* orientierten linguistischen Ebenen in Grammatiken, insbesondere in sog. didaktischen Grammatiken (Lernergrammatiken), aber doch berücksichtigt (z.B. im Kontext der Lexikographie, wo es ja auch um ‚Bedeutungen' geht). Darüber hinaus wird oft auch die Ebene der mündlichen Sprache („*Der Laut*"; *Phonetik und Phonologie*) mit einbezogen.

Wissen und Können

In diesem Kapitel wollen wir uns zunächst ausgewählten Fragen der *deutschen Grammatik* im engeren Sinn (Syntax) zuwenden und uns dann im anschließenden dritten Kapitel mit dem *deutschen Wortschatz* beschäftigen.

Auch wenn wir unsere Muttersprache in der Regel einigermaßen fehlerfrei sprechen und schreiben können, denken wir dabei als Muttersprachler jedoch kaum über die grammatischen Strukturen bzw. *Regeln* des Deutschen nach, denen wir dabei folgen. Wie der österreichisch-britische Sprachphilosoph Ludwig Wittgenstein (1889-1951) es ausgedrückt hat, folgen wir einer (sprachlichen) Regel „*blind*".

Dies ist beim Erlernen einer Fremdsprache anders: Hier machen wir uns – je nachdem, welche Methode wir bevorzugen – die sprachlichen und insbesondere die grammatischen Regeln der zu lernenden Sprache durchaus *bewusst*, aber ebenso die Regeln unserer je eigenen Sprache, wenn es beispielsweise darum geht, zwei Sprachen zu vergleichen, positive und negative Interferenzen zu erkennen und diese, da sie zwangsläufig zu Fehlern führen, zu vermeiden.

Dass es in der deutschen Sprache einen bestimmten und einen unbestimmten Artikel gibt, dass wir manchmal Substantive aber auch ohne Artikel verwenden, *wissen* wir natürlich genauso, wie wir wissen, dass es im Deutschen vier Fälle (Kasus) gibt. Aber jemandem, der Deutsch als Fremdsprache lernt, die exakten Regeln des Artikelgebrauchs im Deutschen zu erklären, wird uns doch schwerfallen. Wir *können* als Muttersprachler die Artikel zwar richtig verwenden, aber wir *wissen* nicht unbedingt, nach welchen Regeln wir dabei handeln, und wir können die Regeln erst recht nicht schlüssig formulieren. Dies wiederum bemerken wir oft erst dann, wenn jemand von uns als Muttersprachler nicht nur wissen möchte, *wie* etwas auf Deutsch heißt, sondern auch noch, *warum* etwas so und nicht anders formuliert werden muss, aufgrund welcher Regeln wir etwas auf Deutsch nur so und nicht anders sagen können.

Oder auch: Ist etwas wirklich ‚falsch' oder vielleicht nur ungebräuchlich? In eine solche Zwickmühle geraten wir schnell, wenn wir meinen, aufgrund unserer muttersprachlichen Fähigkeiten könnten wir den Deutsch Lernenden ohne Probleme Deutsch beibringen. Es ist wie mit den allzu klugen Kinderfragen: Warum die Banane krumm ist, darüber können wir vielleicht noch spekulieren, aber viel schwieriger ist die Frage zu beantworten, warum der Tisch *Tisch* heißt, während er doch in Frankreich *table* heißt? Man möchte dann gern antworten: „Es ist, wie es ist" (sagt in einem Gedicht von Erich Fried ‚die Liebe'), aber dem Lerner des Deutschen als Fremdsprache reicht das nicht. Er möchte über den Einzelfall hinaus etwas *wissen*, er sucht nach einer Regel, die es ihm erlaubt, mehr als nur *einen* grammatisch korrekten Satz zu bilden. Er sucht ein Muster, nach dem man Sätze einer bestimmten Art bilden kann.

Auch meine polnischen Studenten – ich habe im letzten Kapitel schon davon erzählt – konnten mir als polnische Muttersprachler nicht recht erklären, was es mit den sechs Fällen im Polnischen auf sich hat und ob *do Gdańska* vielleicht ein Lokativ sei. Sie brauchten das als Muttersprachler nicht zu wissen, und einige gaben freimütig zu, sie hätten von der polnischen Grammatik überhaupt erst etwas verstanden, als sie anfingen, Deutsch, also eine Fremdsprache, zu lernen.

Im Zweifelsfall *wissen* die Lerner des Deutschen als Fremdsprache möglicherweise mehr über deutsche Grammatik als die Muttersprachler. Ein dafür besonders ausgebildeter Muttersprachler, derjenige nämlich, der ‚Deutsch als Fremdsprache' unterrichtet, der Sprach-*Lehrer*, muss die Grammatik des Deutschen allerdings nicht nur (aufgrund seines ‚Sprachgefühls') richtig anwenden können (im Sprechen wie im Schreiben), er muss sie auch ‚durchschauen', er muss die Regeln kennen und sie auch (ggf. didaktisch ‚aufbereitet') formulieren können. Genau diese werden die Lerner ihm von Fall zu Fall abverlangen, wenn sie nicht nur wissen wollen, *wie* etwas ist, sondern auch *warum* es so ist. So geht zumindest für diejenigen, die Deutsch als Fremdsprache unterrichten wollen, kein Weg an *expliziten Grammatikkenntnissen* vorbei.

Generative Grammatik

In der Linguistik kennt man seit Mitte des 20.Jahrhunderts zwei grundlegende grammatiktheoretische Ansätze: *Valenz- oder Dependenzgrammatiken* (L. Tesnières) auf der einen und die *generative (Transformations)grammatik* (N. Chomsky) auf der anderen Seite.

Die *generative Grammatik* teilt einen Satz schrittweise in die Teile, aus denen er sich zusammensetzt. Dieses schrittweise Teilen des Satzes in seine Elemente macht die Struktur eines Satzes ‚sichtbar', indem ein ‚Baum' (Graph) entsteht mit sog. ‚Knoten', an denen Bezeichnungen für syntaktische Kategorien notiert werden, und sog. ‚Kanten', die einen Knoten in der Regel in zwei weitere Teile aufteilen (binäre Teilung). Die ‚Kanten' kann man dementsprechend lesen als ‚besteht aus', also als eine Relation (A besteht aus b und c). Auf diese Weise gelangt die syntaktische Analyse von der Ausgangskategorie ‚Satz' über immer weitere Verzweigungen bzw. Unterteilungen schließlich zu den Einzelelementen, die uns beim Hören oder Lesen eines Satzes in einer linearen Abfolge erscheinen, also zu den konkreten Wörtern und Wortgruppen, aus denen sich der Satz jeweils zusammensetzt.

Ein solches Analyseverfahren folgt den beiden strukturalistischen Grundprinzipien bzw. -operationen *Teilen* und *Klassifizieren* (Kategorien bilden). In der generativen Grammatik werden diese Operationen zu einem relativ abstrakten, quasi algorithmischen Verfahren weiterentwickelt, mit dem man – im Idealfall maschinell – beliebige Sätze einer Sprache analysieren (bzw. erzeugen) kann. Auch wenn jede *Äußerung* individuell verschieden ist, weil jeder Sprecher etwas anderes ausdrücken möchte, haben viele *Sätze* auf einer abstrakteren Ebene doch die gleiche *Struktur,* sie sind nach den gleichen Regeln konstruiert. Diese Regeln bzw. die (Grund-)strukturen oder *Grundmuster* der möglichen Sätze einer Sprache zu erfassen, ist Aufgabe der *Syntax* (Satzlehre). Zur Grammatik im weiteren Sinn können darüber hinaus zwar noch weitere linguistische Einheiten, wie der Sprechakt, das Wort und auch der Laut gerechnet werden (s.o), in der neueren Linguistik wird jedoch die Syntax in der Regel als das Herzstück der Grammatik betrachtet. Über die Grundmuster hinaus werden in der Syntax natürlich weitere syntaktische Phänomene, wie der Aufbau komplexer Sätze (Gliedsätze), verschiedene Satzarten (Aussagesatz, Fragesatz, usw.), Adverbialisierungen und Attribuierungen, Koordination und Subordination, usw. untersucht.

Wir werden uns in unserem Grammatikkapitel allerdings stärker an der *Valenztheorie* als an der generativen Grammatik orientieren, nicht zuletzt deshalb, weil Valenzgrammatiken, wie ich meine, didaktisch-methodisch besser umsetzbar sind. In der Tat scheint gerade der Unterricht des Deutschen als Fremdsprache im mittel- und osteuropäischen Raum in den letzten Jahrzehnten weitestgehend an valenztheoretischen Modellen orientiert gewesen zu sein, zumal ein prominenter Vertreter (Gerhard Helbig) aus der damaligen DDR stammte. Aber auch die am Mannheimer Institut für Deutsche Sprache (IDS) entstandenen sprachvergleichenden (kontrastiven) Grammatiken sind an einer spezifisch valenz-grammatischen Auffassung (Ulrich Engel) orientiert. Und auch die in der DUDEN-Reihe des Bibliographischen Instituts erschienene „*Deutsche Grammatik*“ weist eher valenztheoretische als generative Züge auf.

Verbvalenz

Der valenzorientierte Ansatz geht in seiner Analyse nicht von einem Satz (S) aus, der in einem ersten Schritt binär in zwei Teile, in eine *Nominalphrase* (NP) und eine *Verbalphrase* (VP) zerlegt wird, sondern setzt als obersten Knoten das Prädikat (P) an, von dem bestimmte Ergänzungen (Objekte, Raum- und Zeitergänzungen, usw.) abhängen. Dabei nimmt die Valenztheorie an, dass das Prädikat das einflussreichste Satzglied ist. Tatsächlich hängt die Struktur des Satzes wesentlich von der *Wertigkeit* (*Valenz*) des Verbs bzw. (in seiner Funktion im Satz) des Prädikats ab. Wer die Valenz des Verbs kennt, mit dem er einen Satz bilden möchte, kann einen grammatisch weitgehend korrekten Satz (gerade auch in der Fremdsprache) bilden.

Die Valenz eines Verbs bzw. die Wertigkeit des Prädikats erschien für die Bedürfnisse des Fremdsprachenlerners so bedeutsam, dass bereits Ende der 60-er Jahre (zunächst in der damaligen DDR von Helbig/ Schenkel, dann auch am Mannheimer Institut für Deutsche Sprache unter der Leitung von Ulrich Engel und Helmut Schumacher) sog. *Valenzwörterbücher* erarbeitet wurden, die als primäre Zielgruppe tatsächlich die Lerner des Deutschen als Fremdsprache hatten.

Valenzwörterbücher illustrieren an Beispielsätzen mit den entsprechenden Verben, wie etwa ein Satz mit dem Verb *schenken* im Unterschied zu einem Satz mit dem Verb *verschenken* korrekt zu bilden ist: Das Verb *schenken* ist dreiwertig: Jemand *schenkt* jemandem etwas. Um einen korrekten Satz mit diesem Verb zu bilden, braucht man also ein Subjekt bzw. eine Nominativergänzung (1), eine Akkusativergänzung (2) und eine Dativergänzung (3), insgesamt also drei Ergänzungen, die die *Valenz* dieses Verbs ausmachen.

Das Verb *verschenken* ist dagegen nur zweiwertig: Jemand *verschenkt* etwas. Man braucht also nur zwei Ergänzungen, eine Ergänzung im Nominativ (1) und eine Ergänzung im Akkusativ (2): *David verschenkt seinen Roller.* Sätze, die ohne Berücksichtigung der Wertigkeit des jeweils verwendeten Verbs gebildet werden, sind nach den Regeln der deutschen Grammatik abweichend bzw. falsch, so etwa der Satz **Die Eltern schenken David.* Wenn ich offenlassen möchte, was die Eltern ihrem Sohn schenken, kann ich das grammatisch korrekt nur mit einem anderen, nämlich mit einem zweiwertigen Verb tun: *Die Eltern beschenken David.* Oder: *Die Eltern verschenken ein Buch.*

Obligatorisch oder fakultativ?

Ganz so einfach ist es mit der Wertigkeit eines Prädikats in der Praxis jedoch nicht. Im Idealfall sind die jeweils geforderten Ergänzungen zwar *obligatorisch*, d.h. sie können nicht weggelassen werden, ohne dass der Satz falsch würde: *Martin leert das Glas in einem Zug.* Man kann in diesem Satz zwar den Satzteil *in einem Zug* weglassen, ohne dass der Satz ungrammatisch würde, aber die Ergänzung im Akkusativ (*das Glas*) kann man nicht weglassen. Es handelt sich um eine obligatorische Ergänzung, hier um ein Objekt, das im Akkusativ stehen muss. Das Verb *leeren* verlangt also (mindestens) zwei Ergänzungen (*quantitative Wertigkeit*) und diese müssen erstens eine Ergänzung im Nominativ (= Subjekt) und zweitens eine Ergänzung im Akkusativ sein (*qualitative Wertigkeit*). (Auf die Doppeldeutigkeit dieses Beispielsatzes will ich hier nicht näher eingehen.)

Neben den obligatorischen Ergänzungen gibt es aber auch *fakultative* Ergänzungen; das sind Ergänzungen, die unter bestimmten Umständen auch weggelassen werden können, ohne dass der Satz ungrammatisch wird: *Felix liest ein Buch /*

Felix liest. Beide Sätze sind grammatisch korrekt, auch wenn sie semantisch natürlich nicht identisch sein müssen.

Die grundsätzliche Schwierigkeit bei den fakultativen Ergänzungen besteht darin, zu entscheiden, ob es sich bei den weglassbaren Elementen überhaupt um Elemente des Satzes handelt, die von der Wertigkeit des Verbs gefordert werden, oder lediglich um sog. *freie Angaben.* Wirklich schwierig ist eine solche Entscheidung oft bei Ergänzungen, die nicht, wie in unseren Beispielen, in einem der vier Objektkasus stehen. Unproblematisch ist noch ein Satz mit einer obligatorischen Ergänzung, die zwar nicht fallbestimmt, aber zweifellos notwendig ist, wie z.B. in dem Satz *Sprudel besteht aus Wasser.* Wie aber verhält es sich bei *Er geht (in den Garten)*? Ist *in den Garten* eine freie Angabe (Richtungsangabe), weil sie ja weggelassen werden kann, ohne dass der Satz ungrammatisch würde? Oder handelt es sich bei der Angabe des Ziels um eine fakultative Ergänzung, die zwar weggelassen werden kann, aber doch zur Wertigkeit des Verbs *gehen* gehört? Und wie ist es mit *nach Hause gehen*? - Das ist vermutlich ein sog. Funktionsverbgefüge.

Mit solchen speziellen Fragen wollen wir uns hier nicht weiter beschäftigen. Die Valenztheoretiker haben verschiedene Vorschläge zu einer praktikablen Unterscheidung von Ergänzungen und Angaben diskutiert. Trotz einer Reihe schwieriger und teilweise auch unklarer Fälle, bei denen man nicht sicher ist, was vom Verb abhängig ist und was nicht, ist die Kenntnis der Wertigkeit bzw. Valenz eines Verbs jedoch durchaus eine praktikable Hilfestellung für die Bildung korrekter deutscher Sätze, die durchaus präziser ista(ls die traditionelle Unterscheidung von *transitiven* und *intransitiven* Verben (Verben, die mit einem Akkusativ gebildet werden, gegenüber Verben, die mit Dativ oder mit Akkusativ und Dativ gebildet werden.) Oben haben wir am Beispiel von *schenken* (intransitiv) gesehen, wie durch die Vorsilbe *ver-* intransitive Verben zu transitiven umgeformt werden können: *leihen – verleihen.* Probieren Sie es einmal aus.

Die *freien Angaben* im Unterschied zu den *Ergänzungen* nicht in erster Linie syntaktisch bestimmt, sondern eher semantisch-pragmatisch. Welche Angaben ein konkreter Satz über die notwendigen Ergänzungen hinaus enthalten muss, ist nicht grammatisch bestimmt, sondern allein davon anhängig, was der Sprecher sagen möchte oder wie differenziert er etwas ausdrücken möchte. Um zu sehen, mit welchen sprachlichen Mitteln wir unsere Äußerungen semantisch differenzieren oder präzisieren können, wollen wir uns über die Ergänzungen und Angaben hinaus, die unmittelbar vom Prädikat abhängen und das Grundmuster des Satzes bestimmen, an dieser Stelle noch kurz mit den *Attributen* beschäftigen.

Attribute

Ergänzungen und Angaben sind *Satzglieder,* ‚verschiebbare' Teile eines Satzes, die umgestellt werden können: *Peter aus Mainz – schenkt – dem Freund seines Onkels aus Montpellier – ein spannendes Buch von Karl May*. Beim Umstellen (Verschieben) dieser Teile, können diejenigen Teile, die zu einem Satzglied gehören, immer nur zusammen verschoben werden.

Die Teile eines *Satzglieds* hängen aber nicht wie die Ergänzungen vom Verb und seiner Wertigkeit ab, sondern unterliegen anderen Bestimmungsverhältnissen. - In unserem Beispiel sind diese Teile *Attribute.* Attribute ermöglichen es uns, unsere Aussagen zu präzisieren, die Dinge, über die wir etwas aussagen wollen, genauer zu unterscheiden. - Als wir einmal einen Abendspaziergang machen wollten und es schon etwas kühler geworden war, empfahl mir meine Frau, den Fleece-Pullover überzuziehen: *Nimm am besten den Fleece mit!* Das tat ich auch, aber als ich den alten grauen Fleece anzog, schaute sie mich kritisch an und sagte: *Doch nicht den, den neuen roten, meinte ich.* Anstatt in solchen Situationen einen unnötigen Streit anzuzetteln (*Wenn du den roten meinst, dann sag es auch!*), sollte man sich lieber über die kommunikative Funktion von Attributen Gedanken machen. Manchmal braucht man sie unbedingt, manchmal auch nicht.

Die schlichten Farbadjektive *rot* und *grau* helfen uns in ihrer Verwendung als Attribute in der Tat, genauer zu bestimmen, was mir meinen: den grauen oder den roten Pullover, den blauen oder den weißen Umschlag. Neben den adjektivischen Attributen gibt es aber noch andere Arten von Attributen, die kommunikativ zwar das gleiche leisten, syntaktisch aber anders aufgebaut sind: *präpositionale Attribute* und *Genitivattribute* und schließlich noch verschiedene Arten von *Attributsätzen,* wie z.B. die Relativsätze. Alle Arten von Attributen sind miteinander kombinierbar, wie z.B. in dem Satz *...den grauen Pullover mit Reißverschluss, den wir in Berlin gekauft haben.* So können wir unsere Aussagen stets so präzis wie nötig machen, um Missverständnisse zu vermeiden.

In unserem einleitenden Beispiel wird die Ergänzung im Nominativ, also das Subjekt *Peter,* näher bestimmt durch ein präpositionales Attribut (*aus Mainz*). Dadurch kann dieser Peter von irgendeinem anderen Peter unterschieden werden, der nicht aus Mainz kommt. Und das Buch, das dieser Peter aus Mainz verschenkt, ist nicht irgendein Buch, sondern ein spannendes Buch, das zudem noch von dem bekannten Autor Karl May stammt. Hier wird ein adjektivisches Attribut (*spannend*) mit einem präpositionalen (*von Karl May*) kombiniert, das Akkusativobjekt also zweifach semantisch spezifiziert.

Schließlich müssen wir noch den Beschenkten näher bestimmen. Wenn Peter nicht nur *einen* Onkel hat, dessen Freund er ein Buch schenken könnte, sondern zwei, dann können wir die beiden unterscheiden, indem wir z.B. angeben, woher der Onkel stammt oder wo er wohnt: *aus Montpellier.* Aber wir haben hier nicht nur ein präpositionales Attribut (mit der Präposition *aus*) verwendet, sondern wir haben den beschenkten Freund auch noch mithilfe eines Genitivattributs näher bestimmt: *dem Freund seines Onkels*, um dann auch den Onkel noch einmal mithilfe eines präpositionalen Attributs näher zu bestimmen.

Hätten wir gesagt: *...seines Onkels, der seit 15 Jahren in Montpellier lebt,* hätten wir einen *Attributsatz* (Relativsatz) verwendet, um näher zu bestimmen, von welchem Onkel hier die Rede ist. Wir haben also bei der Wahl der Art der Attribute durchaus weitgehend äquivalente Alternativen.

Als ich vor vielen Jahren an einem Sprachbuch für die 6. Klasse mitgearbeitet habe, hatte ich als Abschluss eines Kapitels über die verschiedenen Arten und Funktionen von Attributen folgendem Text vorgeschlagen:

Der Brief

der Brief
der lange Brief
der lange Brief an meine Tante
der lange Brief an meine liebe Tante
der lange Brief an meine liebe Tante aus Mannheim
der lange Brief an meine liebe Tante aus Mannheim, den ich letzte Woche abgeschickt habe:
d e r Brief ist nicht angekommen.

Aber:

der Brief
der kurze Brief
der kurze Brief an meine Tante
der kurze Brief an meine Tante aus Marburg
der kurze Brief an meine liebe Tante aus Marburg
der kurze Brief an meine liebe Tante aus Marburg, den ich vor zwei Wochen abgeschickt habe:
d e r Brief ist angekommen.

Die Frage, die Sie jetzt beantworten könnten, lautet: Welche Arten von Attributen kommen in diesem kleinen Text vor und was leisten die Attribute? Eine spezifische Attributart kommt allerdings nicht vor: das *Genitivattribut*, das wir uns vor allem deshalb noch einmal genauer anschauen wollen, weil es tatsächlich oft mit dem *Genitivobjekt* (Ergänzung im Genitiv) verwechselt wird.

Zweierlei Genitive

Schauen wir uns das *Genitivattribut* noch einmal an einem Beispiel an: *Peter aus Mainz zieht nächstes Jahr in das Haus seiner Eltern.* Hier haben wir unseren ‚Peter' wieder als den ‚Peter aus Mainz' näher bestimmt (mit einem präpositionalen Attribut), *nächstes Jahr* ist eine freie (Zeit-)Angabe, die wir machen können, wenn es uns auf den Zeitpunkt ankommt. Ist uns das nicht wichtig, können wir diese Angabe weglassen.

Wichtig ist uns aber, in welches Haus er einziehen wird: in das *Haus seiner Eltern.* Hier ist der Genitiv eindeutig als Attribut verwendet, das die präpositionale Ergänzung *in das Haus* näher bestimmt: Peter zieht nicht in das Haus seiner Großmutter oder seiner Tochter, sondern in das Haus seiner Eltern.

Aufgrund des Genitivattributes wissen wir jetzt genau, in welches Haus Peter nächstes Jahr ziehen wird. Um zu wissen, wo sich das Haus seiner Eltern befindet, müssten wir natürlich Peters Eltern kennen. Nicht alles muss immer auch sprachlich ausgedrückt werden, denn wir können unser ‚Weltwissen' nutzen, um das Nicht-Gesagte zu erschließen. Kommunikativ muss ich das sagen, was jeweils erforderlich, was *relevant* ist. Entsprechend lautet eine der von Paul Grice formulierten Kommunikationsmaximen: *Be relevant*!

Wenn ich weiß, dass mein Gesprächspartner nicht weiß, wo Peters Eltern leben, muss ich ggf. genauer werden: *Dann werden wir ihn wohl nicht mehr so oft sehen, seine Eltern wohnen in Flensburg.* Hier ist *in Flensburg* kein Attribut, sondern – Sie wissen es schon – eine notwendige Ergänzung zum Verb *wohnen,* allerdings keine kasusbestimmte, sondern eine präpositionale Ergänzung (des Ortes), aber eben keine (freie) Angabe, denn *seine Eltern wohnen* ohne irgendeine Ergänzung wäre kein grammatisch korrekter Satz des Deutschen. Semantisch gesehen, dienen die Ergänzungen (wie auch die Angaben) natürlich in der Regel dazu, unsere Aussage präziser zu machen: Wir informieren unseren Gesprächspartner mittels der Ergänzung darüber, dass Peters Eltern in Flensburg wohnen, was wir aber auch attributiv (präpositionales Attribut) ausdrücken könnten: *Peters Eltern aus Flensburg.* Aber zurück zum Genitiv.

Wenn Bastian Sick sein sprachkritisches Buch betitelt: *Der Dativ ist dem Genitiv sein Tod* möchte er damit wohl auf das immer wieder prognostizierte allmähliche Verschwinden des Genitivs hinweisen, indem er ihn in seiner Formulierung bereits zum Verschwinden gebracht hat, anstatt grammatisch korrekt zu formulieren: *der Tod des Genitivs.* Auch in dieser Formulierung ist der Genitiv *des Genitivs* kein Genitivobjekt, sondern ein *Genitivattribut,* das nicht vom Verb *ist* abhängt, sondern das Nomen *Tod* näher spezifiziert (wessen Tod?).

Wenn von Sprachkritikern bedauert wird, dass der Genitiv im allgemeinen Sprachgebrauch (zumindest umgangssprachlich) immer mehr durch den Dativ oder durch präpositionale Fügungen (*von meinem Vater* anstatt *meines Vaters*) ersetzt zu werden scheint, so muss man genauer fragen, für welchen Genitiv das gilt: für den Objektgenitiv, für das Genitivattribut oder für beide Arten von Genitiven. Der Objektgenitiv könnte tatsächlich ‚verschwinden', wenn die Verben veralten, die aufgrund ihrer Wertigkeit den Genitiv fordern oder wenn die betreffenden Verben ihre qualitative Wertigkeit so verändern, dass sie nicht mehr eine Ergänzung im Genitiv, sondern eine Ergänzung im Dativ erfordern. Dies wäre im Kontext entsprechender Sprachwandelprozesse durchaus vorstellbar, solche Prozesse brauchen allerdings in der Regel so viel Zeit, dass sie bis heute keineswegs zum völligen Verschwinden des Genitivs geführt haben.

Es gibt bekanntermaßen nur eine relativ kleine Anzahl von Verben, die aufgrund ihrer Wertigkeit einen Genitiv verlangen: *Wir gedenken der Opfer der beiden Weltkriege* (der erste Genitiv ist ein Objektgenitiv, eine Ergänzung im Genitiv, die aufgrund der Wertigkeit des Verbs *gedenken* ‚gefordert' wird, der zweite Genitiv (*der beiden Weltkriege*) ist dagegen ein

Genitivattribut). Ein weiteres den Genitiv forderndes Verb wäre z.B. *sich bedienen*: *Wir bedienen uns eines neuen technischen Hilfsmittels.*

Darüber hinaus verlangen auch einige Adverbien bzw. Konjunktionen den Genitiv: *wegen/ aufgrund (des Genitivs), mithilfe, während, anlässlich,* usw. Hier finden wir umgangssprachlich bzw. regionalsprachlich in der Tat oft Ersetzungen des Genitivs durch den Dativ oder durch präpositionale Konstruktionen (*das Haus von meinem Großvater* anstatt *das Haus meines Großvaters*), während ein vorangestellter Genitiv wie *meines Großvaters Haus* eher literarisch feierlich wirken dürfte.

Bei den Konjunktionen treten auch schwankende Genitivformen auf, wie bei *trotz des schlechten Wetters*, während sich süddeutsch, schweizerisch und österreichisch *trotz* mit Dativ findet: *trotz dem schlechten Wetter.* Der DUDEN (Eintrag ‚*trotz*') weist auf folgende spezifische Verwendungsregel hin: „*Allgemein häufiger mit Dativ, wenn Artikel oder Pronomen fehlen und immer, wenn der Genitiv im Plural nicht erkennbar ist...*". Ebenso finden wir den Dativ in: *trotz alledem* und *trotz allem.*

Die Sorge, der Genitiv sei in irgendeiner Weise ‚bedroht', mag zwar medienwirksam gut platziert sein, wirklich seriös kann man sie allerdings nicht teilen. Und wenn es so wäre, dass wir irgendwann nicht mehr über den Genitiv verfügten, dann wäre dies das Ergebnis eines schlichten Sprachwandelprozesses. Für den DaF-Lerner wäre die deutsche Sprache damit lediglich ein wenig einfacher geworden.

Grammatische Doppeldeutigkeit

Nicht am Beispiel des Genitivs, sondern am Beispiel des präpositionalen Attributs wollen wir uns noch einen besonderen Fall von (grammatischer) Mehrdeutigkeit anschauen, der dadurch zustande kommt, dass wir bestimmte Elemente eines Satzes einmal als Attribut und ein anderes Mal als Ergänzung oder Angabe verstehen können. Solche (mehr oder weniger konstruierten) Fälle von Mehrdeutigkeit sind in der praktischen Kommunikation allerdings fast immer durch die Situation oder den Kontext auflösbar, falls sie überhaupt irgendwelche Missverständnisse hervorrufen.

Wenn ich beispielsweise auf einer kleinen Klappleiter unter unserer Lampe im Wohnzimmer stehe und meine Frau bitte, mir *‚eine Birne'* zu geben, wird sie kaum auf die Idee kommen, dass ich auf der Leiter stehend ein Stück Obst zu mir nehmen möchte, sondern sie wird mir ohne Rückfrage, eine der Glühbirnen reichen, die wir gestern im Elektromarkt gekauft haben. Da es hier ausschließlich um die Bedeutung des Wortes *Birne* geht, wäre dies allerdings ein primär lexikalisch bedingtes Missverständnis aufgrund eines doppeldeutigen Wortes und keine grammatisch bedingte Mehrdeutigkeit.

Wenn wir auf den Besuch unseres Onkels aus Montpellier warten, werden wir die nähere Bestimmung *aus Montpellier* in der Regel als Attribut verstehen (*der Onkel aus Montpellier und nicht der Onkel aus Mainz*), es sei denn, wir seien darüber informiert, dass sich unser Onkel aus Montpellier z.B. längere Zeit in Deutschland aufgehalten hat, gerade jetzt aber wieder in Montpellier ist und somit überraschenderweise *aus Montpellier* anreist. In einem solchen (freilich sehr konstruierten) Fall könnten wir *aus Montpellier* als präpositionale Ergänzung des Ortes verstehen, die von der Wertigkeit des Prädikats *kommt (kommen aus)* vorgegeben wird. Die Doppeldeutigkeit hängt jedoch auch hier mit der Doppeldeutigkeit des Verbs *kommen (aus)* zusammen, das in einer Lesart auch *‚stammen (aus)'* bedeuten kann. In einem einfachen Hauptsatz wie *mein Onkel kommt aus Montpellier* ist die Doppeldeutigkeit eindeutig auf das Verb zurück zu führen. Die grammatische Doppeldeutigkeit entsteht offensichtlich erst in der Nebensatzkonstruktion, wenn wir etwa sagen: *Wir sind uns nicht sicher, ob der Onkel aus Montpellier kommt.* In einer Lesart könnte das bedeuten, dass der Onkel zwar in Montpellier lebt, aber aus Düsseldorf stammt, in einer anderen Lesart hieße es, er wohnt zwar nicht in Montpellier, kommt aber gerade mit dem Flugzeug aus Montpellier, wo er geschäftlich zu tun hatte.

Wenn man es mit solchen konstruierten Beispielen zu weit treibt, dürfte das den DaF-Lerner nicht nur irgendwann langweilen, sondern auch unnötig verwirren, denn im wirklichen Leben treten solche Mehrdeutigkeiten und daraus resultierende Missverständnisse wohl eher selten auf; und wenn, dann lösen sie sich durch eine Nachfrage schnell wieder auf.

Im Kontext unserer grammatischen Überlegungen illustrieren die Beispiele nur, dass man mithilfe der syntaktischen Analyse eines Satzes die (syntaktische) Mehrdeutigkeit nicht nur sichtbar machen, sondern tatsächlich auch präzise auf die unterschiedlichen Analysen der grammatischen Struktur des Satzes zurückführen kann: Wir verstehen die präpositionale Phrase einmal als *Attribut*, das das betreffende Nomen näher bestimmt, ein anderes Mal als präpositionale *Ergänzung* (des Ortes oder der Richtung), die von dem betreffenden Verb bzw. Prädikat abhängt. Dieses gibt auch schon die Präposition vor, denn *kommen aus* ist ein anderes Verb als das schlichte *kommen;* es bedeutet in unserem Zusammenhang etwa das Gleiche wie *stammen aus.*

Über den Satz hinaus: Texte

Wenn auch der Begriff ‚Grammatik' mehr umfasst als eine eng verstandene ‚Syntax', wie wir sie jetzt exemplarisch im Rahmen der Valenztheorie betrachtet haben, so finden wir in der modernen Syntax doch eine durchgängige Orientierung an der Einheit ‚Satz'. Während sich Phonetik/Phonologie und Morphologie mit kleineren Einheiten der Sprache, mit Phonemen und Morphemen beschäftigen, gilt der Satz als die kleinste syntaktische, manchmal auch als die kleinste kommunikative Einheit (H.J. Heringer).

Den Satz als kommunikative Einheit zu betrachten, erscheint jedoch nicht ganz unproblematisch, weil erst mit der Verwendung von Sätzen in Sprechakten diese eine kommunikative Funktion bekommen. An dieser Stelle wollen wir die Grammatik allerdings nicht in eine Theorie der Sprechakte zu integrieren versuchen, sondern überlegen, ob sich die Grammatik nicht auch mit größeren Einheiten, nämlich mit *Texten,* beschäftigen könnte bzw. dies in manchen Analysezusammenhängen nicht vielleicht sogar *muss.*

Texte könnte man ähnlich wie Sprechakte tatsächlich als kommunikative Einheiten betrachten. Wenn wir sprechen oder schreiben, erzeugen wir in der Regel keine isolierten Sätze, sondern Texte. Die Textlinguistik schränkt den Begriff ‚Text' nicht wie in der Gemeinsprache üblich auf schriftliche Texte ein, sondern bezieht den Begriff des Textes auf jede Folge von schriftlichen oder mündlichen Äußerungen. Was ein Text ausmacht, lässt sich allerdings nicht so einfach bestimmen, wenn sich schon bei der weniger komplexen Einheit ‚Satz' eine ganze Reihe konkurrierender Definitionen finden.

Textlinguistik - grammatisch betrachtet

In der Textlinguistik unterscheidet man in der Regel zwei grundlegende Ansätze: einen *formal-grammatischen* und einen *kommunikationsorientierten* Ansatz (K. Brinker). Formal-grammatisch kann man Texte einfach als eine Folge von Sätzen verstehen, die allerdings bestimmte Bedingungen erfüllen muss, weil nicht jede beliebige Folge von Sätzen als Text gelten soll. So wäre die Satzfolge *Meine Brille ist beschlagen. Anja bekommt ein Kind. Benzin wird wieder teurer* deshalb kein Text, weil es sich um eine offenbar zusammenhanglose Folge von Sätzen handelt. Es gibt weder formale noch inhaltliche Bezüge zwischen den Sätzen, auch wenn man sich mit etwas Phantasie durchaus Situationen ausdenken könnte, in denen die Sätze einen textuellen Sinn ergeben könnten.

Wenn wir einen solchen möglichen Sinn unterstellen, müssten wir ihn allerdings auch in irgendeiner Weise explizieren können, indem wir etwa versuchen, die formalen und inhaltlichen Bezüge der Sätze explizit ausformulieren. D.h. wir müssten die möglichen *inhaltlichen* Bezüge zwischen den Sätzen mit den zur Verfügung stehenden *formalen* sprachlichen Mitteln auszudrücken, explizit zu machen versuchen: *Wir werden morgen nicht in den Urlaub fahren. Meine Brille ist zwar beschlagen, sie ist deshalb aber nicht unbrauchbar, so dass ich zumindest Schlagzeilen wie ‚Benzin wird wieder teurer' noch gut lesen kann. Aber wir können sowieso nicht fahren, denn unsere Tochter bekommt bald ihr erstes Kind und dann möchten wir nicht so weit weg sein, sondern sie unterstützen, wenn das Kind unerwartet früh kommt.* – Das ist vielleicht kein besonders gelungener Text, aber Sie sind vermutlich eher geneigt, eine solche Folge von Sätzen einen Text zu nennen, als die erste relativ zusammenhanglose und als Ganzes eher unverständliche Satzabfolge. Warum ist das so?

Kohäsion und Kohärenz

Es gibt eine Reihe sprachlicher Mittel oder Verfahren, die dazu dienen, aus einer Folge von Sätzen einen *Text* zu machen, einen textuellen Zusammenhang zwischen den Sätzen herzustellen. Auf der formal-grammatischen Ebene nennt man einen solchen Zusammenhang *Kohäsion*, auf der inhaltlichen Ebene *Kohärenz.* Kohärent wird ein Text beispielsweise dadurch, dass wir bei einem Thema bleiben, es in einer systematischen Weise ‚entfalten', oder dadurch, dass wir konsequent aufeinander aufbauend in einem Streitgespräch unsere Argumente vortragen.

Grammatische Mittel, die Kohäsion zwischen Sätzen herzustellen vermögen, begannen die satzorientierte Linguistik erst dann wirklich zu interessieren, als man feststellte, dass bestimmte syntaktische Phänomene nur satzübergreifend angemessen zu erklären waren. Ein prominentes Beispiel hierfür sind die Pronomen bzw. Pronominalisierungen, die eine zentrale Rolle bei der Bildung von Texten spielen.

Pronomen und Pronominaladverbien (wie z.B. *dort*) sind Mittel zur ökonomischen *Wiederaufnahme* von etwas bereits Erwähntem, etwas, das dem Leser also bereits bekannt ist.

Wenn ein Gegenstand, eine Person oder ein Sachverhalt in vorangegangenen Sätzen bereits erwähnt worden ist (in der Regel mit einem Nomen, wie *Brille, Benzin, Tochter, Kind)*, dann werden wir, wenn etwas Neues über diesen Gegenstand gesagt werden soll, nicht ständig das betreffende Nomen wieder anführen, das auf diesen Gegenstand Bezug nimmt. Wir werden es vielmehr durch ein Pronomen ersetzen, das zurückverweist auf das betreffende Nomen, für das es steht. Erst das ursprüngliche Nomen, auf welches das Pronomen zurückverweist, verweist dann auf den Gegenstand in der Welt, über den wir etwas sagen möchten. So verweisen auch die Pronomen, zwar letztendlich auf Gegenstände in der Welt, jedoch immer nur vermittelt über das betreffende Nomen, auf das sie sich formal beziehen.

Textbildung

Für die Textbildung sind Pronomen deshalb so wichtig, weil mit ihnen ein Nomen wiederaufgenommen kann, ohne dass es noch einmal explizit genannt werden muss. Das *Pro*nomen steht ‚an seiner Stelle' und verweist auf das Nomen zurück. Damit sind jedoch mindestens zwei, in der Regel mehrere Sätze im Spiel, die zusammen genau deshalb einen Text bilden, weil zwischen ihnen der Bezug der Wiederaufnahme (durch ein Pronomen) besteht, und sie deshalb als zusammenhängend verstanden werden können.

Wir müssen in der Regel ein Nomen pronominal wiederaufnehmen, damit der entstehende Text nicht abweichend wird. Würde jemand beispielsweise eine Folge von Sätzen äußern wie *Paul hat einen grippalen Infekt. Wegen des grippalen Infekts kann Paul nicht zur Schule gehen. Paul muss mindestens drei Tage im Bett bleiben. Paul hat immer noch Fieber* fänden wir eine solche Folge von Sätzen als Text zumindest ein wenig seltsam, denn normalerweise würden wir die Wiederaufnahmen des Namens *Paul* nicht durch Wiederholungen realisieren (obwohl dies nicht ausgeschlossen ist), sondern durch die Verwendung von Pronomen, also z.B. so: *Paul hat einen grippalen Infekt. Deshalb kann er nicht zur Schule gehen. Er muss mindestens drei Tage im Bett bleiben, weil er immer noch Fieber hat.* Eine derartige Formulierung erscheint allein aufgrund der Verwendung von Pronomen anstelle der ständigen Wiederholung des Nomens, hier des Namens *Paul,* sprachlich angemessener.

Will man in der Syntax auch die kommunikative Funktion von Pronomen behandeln, muss man zwangsläufig die Satzgrenze überschreiten, weil Pronomen im Wesentlichen textbildende Funktionen haben, also einen deutlichen Hinweis darauf geben, dass wie es nicht mit einer zusammenhanglosen Folge von Sätzen zu tun haben, sondern eben mit einem *Text.*

Und so begann die Beschäftigung mit textlinguistischen Fragen tatsächlich mit der ‚Entdeckung', dass es *grammatische* Phänomene gibt, die nicht unter Bezug auf einzelne Sätze beschrieben werden können. Aufgrund dieser Einsicht beginnt die Syntax seit Mitte der 60-er Jahre damit, sich auch satzübergreifenden Phänomenen und damit größeren textuellen Einheiten zuzuwenden.

Kommunikative Orientierung

Die kommunikationsorientierte Textlinguistik fragt demgegenüber primär nach den Funktionen von Texten und unterscheidet verschiedene Textfunktionen und entsprechende Textsorten, die geeignet sind, diese Funktionen zu realisieren. Dabei orientiert sie sich an der Unterscheidung verschiedener Sprechakte und versteht Texte im Grunde als die Realisierung einer Folge von Sprechakten. Für den Gesamttext, innerhalb dessen unterschiedliche kommunikative Teilfunktionen bzw. Sprechakte realisiert werden können, muss dann als *Textfunktion* die jeweils *dominante* bzw. als dominant erachtete Funktion festgestellt werden.

Dies ist allerdings nicht immer zweifelsfrei möglich ist. So haben manche Texte beispielsweise gleichzeitig eine Informationsfunktion und eine Appellfunktion: Ein Wetterbericht informiert über das kommende Wetter, aber er appelliert (zumindest implizit) auch an uns, uns ggf. warm anzuziehen. Wenn schon bei der Analyse der relativ überschaubaren Einheit ‚Satz' immer wieder Zweifelsfälle auftauchen, so ist die Analyse größerer Textmengen ungleich schwieriger. In der Textwissenschaft (z.B. bei T. van Dijk) sind deshalb *Makrostrukturen* und *Mikrostrukturen* von Texten unterschieden worden.

Lektüreempfehlungen

Wenn man mehr über einzelne grammatische Phänomene im Deutschen erfahren möchte, empfehle ich neben der gängigen DUDEN-Grammatik (DUDEN, Bd. 4: *Die Grammatik.* 9. vollständig überarbeitete und aktualisierte Auflage, Berlin: Duden Verlag 2016):

Eisenberg, Peter: *Grundriss der deutschen Grammatik. Band 1: Das Wort. Band 2: Der Satz*. Stuttgart: J.B. Metzler, 4. aktualisierte u. überarbeitete Auflage 2013.

Heringer, Hans Jürgen: *Deutsche Grammatik. Ein Arbeitsbuch für Studierende und Lehrende.* München: W. Fink (UTB) 2013.

Zu textlinguistischen Fragen:

Brinker, Klaus, **Cölfen**, Hermann, **Pappert**, Steffen: *Linguistische Textanalyse. Eine Einführung in ihre Grundbegriffe und Methoden.* Berlin: Erich Schmidt Verlag 2014.

3 Wortschatz des Deutschen: Wörter und Wortverbindungen

Wenn wir nach dem Wortschatz oder dem ‚Lexikon' fragen, so kann sich diese Frage auf zweierlei beziehen: erstens auf den Wortschatz einer *Sprache*, also auf alle in einer Sprache existierenden Wörter, wie sie verschiedene Arten von Wörterbüchern zu dokumentieren versuchen; und zweitens auf den individuellen Wortschatz, über den ein einzelner *Sprecher* der betreffenden Sprache (aktiv oder passiv) verfügt. Wir wollen uns in diesem Kapitel in Grundzügen mit beiden Betrachtungsweisen des Wortschatzes vertraut machen: mit dem individuellen Aspekt ebenso wie mit dem systematisch-lexikologischen und dann auch mit dem praktisch-lexikographischen Aspekt.

Lexikon und Wörterbuch

Wenn in der Gemeinsprache von einem *Lexikon* die Rede ist, denken wir höchstwahrscheinlich an eine bestimmte Art von Buch, vielleicht auch an ein besonders umfangreiches Buch in mehreren Bänden. Im Gegensatz zu anderen Büchern, die wir aus beruflichem Interesse oder aus privatem Vergnügen *lesen*, sind Lexika keine Bücher zum (fortlaufenden) Lesen, sondern Bücher zum Nachschlagen und zum selektiven Lesen einzelner Einträge zu bestimmten Wörtern (die die Lexikographie *Lemmata* nennt), Wörter, die auf bestimmte Bereiche der Welt verweisen, zu denen wir dann in dem betreffenden Artikel mehr oder weniger umfangreiche *Sachinformationen* finden.

Ein *Wörterbuch* liefert uns dagegen in der Regel keine ausführlichen Sachinformationen wie ein *Lexikon* oder eine *Enzyklopädie*, sondern bestimmte Arten von *sprachlichen Informationen*: Informationen zum Genus und zu den verschiedenen Kasusformen eines Wortes, aber auch zur Bedeutung und spezifischen Verwendungsweisen oder Stilebenen eines Wortes (z.B. *fachsprachlich*, *umgangssprachlich* oder vielleicht *derb* oder *vulgär)*, eventuell aber auch – in einem *zweisprachigen Wörterbuch*, wie wir es beim Lernen einer Fremdsprache benutzen – Informationen zu fremdsprachigen Wörtern, die dem deutschen Wort im Englischen, Spanischen, Türkischen oder in einer anderen für uns fremden Sprachen entsprechen.

Wörterbücher verzeichnen einen bestimmten Wortschatz in einem bestimmten Umfang. Kein Wörterbuch kann für sich in Anspruch nehmen, den gesamten Wortschatz einer Sprache zu verzeichnen, jedes Wörterbuch wählt vielmehr unter bestimmten Auswahlkriterien einen bestimmten Wortschatz aus, den es repräsentieren möchte. Es verzeichnet also immer einen in bestimmter Weise festgelegten Ausschnitt aus dem Wortschatz einer Sprache, einen Teilwortschatz, wie z.B. den gebräuchlichen Wortschatz der Gemeinsprache, den Grundwortschatz oder den Aufbauwortschatz einer Sprache oder verschiedene Fachwortschätze. Dieser Wortschatz kann unter je verschiedenen Aspekten beschrieben werden: In einem Rechtschreibwörterbuch wie dem DUDEN, Bd. 1, geht es primär um den orthographischen Aspekt, also um die korrekte Schreibung eines Wortes (dazu mehr im nächsten Kapitel), in einem Bedeutungswörterbuch oder einem Fremdwörterbuch geht es in erster Linie um Angaben zur Bedeutung oder zu den Verwendungsweisen der verzeichneten Wörter. Hier ist die Abgrenzung zum Lexikon u.U. nicht immer ganz einfach.

Verschiedene Arten von Wörterbüchern

Schauen wir uns den gleichen Eintrag im DUDEN-*Rechtschreibwörterbuch* und im DUDEN-*Fremdwörterbuch* an, so macht zwar auch der Rechtschreibduden Angaben zur Bedeutung, diese dürften aber in der Regel kürzer ausfallen als im Fremdwörterbuch: Wollen Sie beispielsweise genau wissen, was eigentlich ein *Chianti* ist, finden Sie im Rechtschreibduden natürlich Angaben zur Aussprache [*k*...], aber auch die (sehr allgemeine) Sachinformation: „*(ein ital. Rotwein)*". Im Fremdwörterbuch erhalten Sie dagegen schon eine etwas ausführlichere Sachinformation, nämlich die, dass es sich um einen „*kräftige(n), herbe(n) italienische(n) Rotwein*" handelt, der „*nach der italienischen Landschaft*", aus der er stammt, nach dem Chianti, benannt ist.

Dass uns jetzt neben *dem* Chianti (= Wein) auch die Landschaft *das* Chianti bekannt ist, müssen wir uns allerdings selbst erschließen, denn *das Chianti* ist in beiden Wörterbüchern nicht verzeichnet; auch nicht im „Deutschen Universalwörterbuch", wo es heißt: „*[ital. Chianti, nach der gleichnamigen ital. Landschaft]: italienischer Rotwein*". Heißt die Landschaft nun aber wirklich „*das* Chianti"? Hierzu finden wir keine Angaben. Zum Glück wissen wir es auch so.

Dagegen liefert ein *Lexikon*, wie z.B. der zweibändige Große Brockhaus, tatsächlich mehr Sachinformationen: „*1. Landschaft in der Toskana, Italien; Weinbau ...*". Wir erfahren hier, dass *das* Chianti in der Toskana liegt und somit wäre *der* Chianti ein toskanischer Wein. Irgendwo zwischen Wörterbuch und Lexikon werden wir schließlich alles Wissenswerte herausbekommen. Wir könnten beispielsweise auch in einem Atlas nachschauen, wo die Toskana eigentlich nicht. Aber bevor wir das tun (manchmal denke ich, nur meine Frau und ich tun das noch), schalten wir doch lieber das Navi ein oder suchen mit Google im Internet. Dort finden wir in der freien Enzyklopädie *Wikipedia* eine Art Hilfskonstruktion: „*das Chianti-Gebiet"*. Und die Online-Reiseportale führen uns ebenfalls in *das Chianti.*

Einfacher haben es da artikellose Sprachen oder Sprachen mit nur einem Genus oder mit zwei Genera, von denen im letzten Kapitel kurz die Rede war.

Das Alphabet als Ordnungsprinzip

In der Praxis ist die Aufgabe eines *Lexikons* sicherlich nicht so scharf von der Aufgabe eines *Wörterbuchs* unterschieden, wie in der Theorie, aber grundsätzlich geht es im Wörterbuch eben mehr um das sprachliche Zeichen als solches (eben um ‚Wörter'), während es im Lexikon mehr um Sachinformationen, also um die Welt geht. Aber auch die Sachinformationen sind in einem Lexikon in der Regel nach einem sprachlichen Prinzip angeordnet: nach dem *Alphabet.* Deshalb kann ein Wörterbuch, wie auch ein alphabetisch aufgebautes Lexikon, nur von demjenigen kompetent und ökonomisch benutzt werden, der das Alphabetisierungsprinzip verstanden hat, der also weiß, wie bzw. wo er in einem Lexikon oder in einem Wörterbuch suchen muss, wie man etwas *‚nachschlägt'*.

Als die 9-jährige Natascha vor meinem Bücherregal stand und ich sie ermunterte, sich alles anschauen, was sie interessieren könnte, griff sie wohl mehr zufällig zu einem Rechtschreibwörterbuch und blätterte darin. *„Was suchst du denn, Natascha?"*, fragte ich, um ihr vielleicht bei der Suche helfen zu können. Naschas Antwort machte mich einen Augenblick sprachlos: *„So ein Tier"*. Wo sollten wir da bloß nachschauen? Ein Wörterbuch ist schließlich kein Biologiebuch. *„Und wie heißt das Tier, das du suchst?" – „Das weiß ich nicht".* Was sollten wir machen? Für diese Art von Fragestellung war selbst das klügste Wörterbuch, selbst wenn es ein Lexikon gewesen wäre, kein geeignetes Hilfsmittel. Wir mussten das Genre wechseln und in irgendeinem Buch über Tiere recherchieren.

Entgegen aller Erwartungen, die wir an den Deutschunterricht haben, kannte Natascha offenbar noch nicht den Unterschied zwischen Wörterbüchern und Lexika, und wohl auch nicht das Anordnungsprinzip der Artikel im Wörterbuch wie im Lexikon: das *Alphabetisierungsprinzip.* Dieses ist durchaus komplizierter als es auf den ersten Blick scheint: „Von A bis Z" – Das ist zwar richtig, reicht aber für eine kompetente Suchstrategie im Wörterbuch noch nicht aus. Innerhalb des jeweiligen Buchstabens muss ja weiter alphabetisch sortiert werden: aa, ab, ac, usw., und ebenso bei allen weiteren Buchstaben eines Wortes: aaa, aab, aac, …; aba, abb, abc, … usw.

Wissen, wo man suchen muss

Selbst wenn man das alles weiß, kommt noch eine grundsätzliche Schwierigkeit hinzu. Wir müssen nämlich, um ein Wort überhaupt auffinden zu können, auch noch wissen, wie es geschrieben wird, weil es ja von der korrekten Schreibung abhängt, wo genau es alphabetisch eingeordnet ist. Das klingt fast paradox, weil wir ein Rechtschreibwörterbuch ja gerade deshalb zu Rate ziehen, weil wir die korrekte Schreibung eines Wortes nicht kennen und diese mithilfe des Wörterbuchs ermitteln wollen.

Nehmen wir an, wir suchen nach der richtigen Schreibung des bekannten Dämm- und Verpackungsmaterials **stereopur.* Dass das gesuchte Wort mit *sch* geschrieben wird, hatten wir ausgeschlossen, suchen deshalb also gleich unter *st* und weiter *e –r – e – o: stereo.* Dort finden wir eine ganze Reihe von Einträgen von *Stereoanlage* über *Stereofonie* bis *Stereotypie,* leider aber keinen Hinweis auf den gesuchten Dämmstoff.

Ist das Wort in Rechtschreibwörterbüchern vielleicht gar nicht verzeichnet? – Geben wir nicht zu früh auf; der Dämmstoff schreibt sich natürlich so: *Styropor,* und dementsprechend müssen wir unter *st – y* suchen, was sich nicht wie die Zusammensetzungen mit *Stereo-* auf Seite 969 des Rechtschreibdudens findet, sondern erst auf Seite 982. Wir hätten also paradoxerweise die richtige Schreibung des Wortes schon kennen müssen, um sie im Wörterbuch finden zu können. Aber wo hätten wir denn noch nachschauen sollen?

Die Auflösung des Paradoxons besteht darin, dass wir *Hypothesen* aufstellen müssen über die *mögliche* Schreibung eines Wortes. Finden wir es an der einen Stelle nicht, müssen wir uns vorstellen, wie es vielleicht anders geschrieben werden könnte und an entsprechenden anderen Stellen suchen, bis sich schließlich eine unserer Hypothesen bestätigt.

Das ist für Kinder, die gerade dabei sind, erst einmal die einzelnen Buchstaben und Buchstabenverbindungen des Alphabets zu lernen, sicherlich nicht einfach. Solche Suchstrategien für die Benutzung von Wörterbüchern zu erlernen, muss daher auch Gegenstand eines Rechtschreibunterrichts sein, der mehr zu leisten beansprucht, als das Automatisieren der korrekten Schreibung eines nach und nach aufzubauenden Grundwortschatzes.

Und auch für den DaF- und DaZ-Unterricht ist es durchaus nicht von vornherein klar, dass die Lerner mit der Benutzung von Wörterbüchern vertraut sind. Im Sinne einer autonomen Fortsetzung des zunächst angeleiteten Spracherwerbsprozesses müssten gerade auch hier entsprechende Strategien der Nutzung von Nachschlagwerken geübt werden.

Umfang des Wortschatzes

Mit der deutschen Orthographie wollen wir uns erst im nächsten Kapitel ein wenig genauer beschäftigen. An dieser Stelle soll es daher lediglich um grundsätzlichere lexikologische und lexikographische Fragen gehen: Wie groß ist eigentlich der Wortschatz des Deutschen und wie groß ist der Wortschatz, über den jeder einzelne Sprecher des Deutschen verfügt oder verfügen sollte und wie kann man ihn lexikographisch erfassen oder ‚kodifizieren' (wie die Lexikologen sagen).

Beide Fragen, die systembezogene wie die sprecherbezogene, sind nicht leicht zu beantworten, selbst wenn wohl niemand erwarten dürfte, dass man sich hier mit der Präzision eines Naturwissenschaftlers oder Mathematikers festlegen könnte. Das können wir allein schon deshalb nicht, weil unser Gegenstand ‚Sprache' in gewisser Weise unberechenbar ist, weil es sich um einen sich ständig verändernden ‚Gegenstand' handelt.

Sprache ist, wie wir wissen, keine statische Größe, sondern ständig ‚im Fluss. Solange es eine Kommunikationsgemeinschaft gibt, die die betreffende Sprache benutzt, wandelt sich diese Sprache, d.h. sie wird von den Sprechern an ihre sich wandelnden Kommunikationsbedürfnissen angepasst. Dies gilt in besonderem Maße im Hinblick auf den Wortschatz, denn der Wortschatz einer Sprache, wie auch der Wortschatz eines einzelnen Sprechers werden mit jedem Tag größer, weil jeder Sprecher immer wieder neue Wörter bilden kann und weil andere Sprecher diese Wörter lernen und verstehen können. - Aber wir können doch nicht einfach neue Wörter erfinden und dann in den Wörterbuchredaktionen anrufen, damit unsere Wortneuschöpfungen in die entsprechenden Wörterbücher aufgenommen werden?

Nein, so funktioniert es natürlich nicht. Wie wir bereits gesehen haben, ist der Sprachwandel ein *soziales* Phänomen: Niemand kann einfach ein neues Wort erfinden und es irgendwie in Umlauf zu bringen versuchen. Dies würde ihm, wenn überhaupt, allenfalls für einen kleinen Kreis von Sprechern gelingen, jedoch kaum für die gesamte Sprachgemeinschaft.

Tatsächlich werden aber bei sog. ‚brisanten Wörtern', und auch bei Fachausdrücken und Terminologien Verfahren sichtbar, wie man die allgemeine Verbreitung der von einer bestimmten sozialen oder politischen Gruppierung jeweils bevorzugten Wörter fördern oder auch tatsächlich neue Wörter für die optimale Verständigung innerhalb einer bestimmten sozialen Gruppe (z.B. für die Fachkommunikation) einzuführen versuchen kann. Für die Verwendung bestimmter *Termini* kann z.B. der Terminologieausschuss des Deutschen Instituts für Normung e.V. (DIN) festlegen, was bestimmte Termini in einer bestimmten Fachsprache bedeuten sollen, genauso wie festgelegt worden ist, wie groß ein Blatt Papier der Größe „DIN A5" zu sein hat, nämlich 14,8 x 21,0 cm.

Sprachnormierungen machen aber nur in sehr speziellen Fällen Sinn, wie z.B. in den Fachsprachen, wo wir sie für eine eindeutige Verständigung innerhalb der Fachkommunikation brauchen. Aber keine Wörterbuchredaktion (auch nicht die DUDEN-Redaktion oder das Institut für Deutsche Sprache (IDS) in Mannheim), kann den Sprechern des Deutschen vorschreiben, wie sie reden sollen, welche Wörter sie verwenden sollen und welche vielleicht nicht mehr. Die Aufgabe solcher ‚Sprachinstitution' ist (zumindest in Deutschland) nicht *Normierung*, sondern Beschreibung oder *Kodifizierung* des Deutschen, so wie es zu einer bestimmten Zeit in einem bestimmten geographischen Raum und ggf. auch von bestimmten sozialen Schichten von den Sprechern des Deutschen tatsächlich gesprochen oder geschrieben wird.

Typ und Vorkommen (*type – token*)

So kann auch niemand ‚festlegen', wie groß der Umfang des deutschen Wortschatzes ist oder wie groß er sein sollte, was dazu gehört und was vielleicht nicht. Die Linguisten könnten allenfalls zu ‚definieren' versuchen, was man überhaupt als *ein Wort* zählen soll. Hierzu hat die Linguistik die Unterscheidung von *type* und *token* eingeführt: Wir zählen nicht die Gesamtmenge der Wörter, die in einer Menge ausgewählter Texte, in einem sog. *Textkorpus* vorkommen, also nicht sämtliche Wort*formen* oder *tokens,* sondern nur die *unterschiedlichen Wörter,* die *types.*

Den Unterschied sehen wir schon am Beispiel eines einfachen Satzes:

Wenn ich feststellen will, wie viele Wörter in diesem Satz vorkommen, kann ich nicht einfach alle in diesem Satz vorkommenden Wörter zusammenzählen.

Besteht der Satz aus 22 Wörtern? In einem bestimmten Sinn ist dies sicherlich richtig. Insgesamt kommen, wenn wir richtig gezählt haben, in diesem Satz 22 Wörter vor.

Machen wir es mit folgendem Beispiel noch etwas schwieriger:

In unserem Beispielsatz kommen zweiundzwanzig Wörter vor.

Hier stoßen wir auf eine besondere Schwierigkeit des Deutschen, auf die sog. *diskontinuierlichen Prädikate:* Hat dieser Satz tatsächlich 7 Wörter? Sie könnten sagen, ja, natürlich, und zählen auf: *in* (1) *unserem* (2), *Beispielsatz* (3), *kommen* (4), *zweiundzwanzig* (5) *Wörter* (6), *vor* (7). Auch das ist in einem bestimmten Sinn richtig: *kommen* ist ein Wort und *vor* ist auch ein Wort. Aber haben wir es hier nicht mit einem einzigen Verb (*vorkommen)* zu tun, so dass der Satz in diesem Sinn nur aus 6 Wörtern bestünde. Auch das ist in einem bestimmten Sinn richtig. Wir zählen das als Wort, was auch in einem Wörterbuch als *ein* Wort aufgeführt wird, nicht einzelne Wortbestandteile.

So zählen wir in der Regel auch nicht alle vorkommenden Wörter als ein Wort, sondern eben nur die *verschiedenen* Wörter: Das erste sind die *token* (Vorkommen) und das zweite sind die lexikalischen Einheiten, also Wörter, wie sie im Wörterbuch stehen, die Typen (*types*). Wenn ein Typ (also das gleiche Wort) mehrere Male in einem Satz oder Text vorkommt, zählen wir es nur einmal. So hat der oben angeführte Beispielsatz zwar 22 Token-Wörter, er besteht aber nur aus 16 verschiedenen Wörtern (*types*). Dabei habe ich noch etwas Besonderes gemacht: Ich habe auch die beiden unterschiedlichen Wörter *vorkommen* und *vorkommenden* als ein Wort gezählt, weil das zweite Wort aus dem ersten abgeleitet ist, und lediglich eine andere grammatische Form aufweist. Genauso würde ich das Wort *ein* nur als ein Wort (*type*) zählen, auch wenn es in verschiedenen grammatischen Formen (z.B. als *ein, einen, einem*) mehrmals vorkäme.

Aber es gibt natürlich, wie fast überall, auch unklare Fälle. Wie soll ich es bei Wortzusammensetzungen machen? Zähle ich *Klausenpass* als ein Wort, dann muss ich *Jauffenpass, Reschenpass* als zwei weitere Wörter zählen. Aber das Teilwort *Pass* ist doch ein Wort (*type*), das drei Mal vorkommt (*token*). Noch deutlicher wäre das, wenn wir schrieben: *Klausen-Pass,* was nach den aktuellen Rechtschreibregeln auch korrekt wäre.

Es sollte deutlich geworden sein, dass es nicht einfach ist, die Wörter einer Sprache zu zählen, den Umfang des Wortschatzes zu ermitteln, weil einerseits nicht ganz klar ist, was wir überhaupt als Wort zählen sollen, und weil andererseits der Wortschatz keine abgeschlossene Menge von Wörtern ist, sondern ein sich ständig veränderndes und erweiterndes dynamisches System.

Was dagegen anders als der Wortschatz über einen längeren Zeitraum relativ konstant zu bleiben scheint, sind die grammatischen Strukturen einer Sprache, obwohl sich auch diese verändern: Wenn die Sprecher, wie vielleicht beim Genitiv, einen bestimmten Kasus immer weniger verwenden, könnte dieser Kasus tatsächlich allmählich ‚verschwinden' bzw. durch andere Kasus ersetzt werden.

‚Stichwörter' in Wörterbüchern

Trotzdem können wir einigermaßen verlässliche Aussagen über den Umfang des deutschen Wortschatzes wie auch über den von einzelnen Sprechern beherrschten Wortschatz machen. Schauen wir dazu doch einmal nach, wie groß der Umfang des in einzelnen Wörterbüchern kodifizierten Wortschatzes jeweils ist.

So verzeichnet etwa der Rechtschreibduden (2006) 130.000 Stichwörter, die 26. Auflage 2013 dagegen bereits 140.000. Anfang des 20. Jahrhunderts waren es erheblich weniger und heute werden es von Jahr zu Jahr bzw. von Auflage zu Auflage mehr. So finden wir beispielsweise in der Auflage des Rechtschreibdudens von 2006 den Hinweis, dass sich gegenüber den Vorgängerauflagen rund 3.500 „neu verzeichnete Wörter" finden, die „der aktuellen Entwicklung der deutschen Sprache Rechnung (tragen)". Welche Wörter könnten das sein? Als Beispiele werden genannt: *„Brötchentaste, E-Pass, Jobcenter, Plasmafernseher* oder *Weblog"*. Aber meine Rechtschreibprüfung im Laptop unterstreicht, während ich diese Wörter schreibe, *Plasmafernseher* und *Weblog* als falsch, was allerdings nur bedeutet, dass sie in der dort gespeicherten Wörterliste nicht enthalten sind. Gebe ich manuell die Wörter als existierende Wörter in das Prüfsystem ein, verschwindet die Unterstreichung; jetzt gibt es das Wort auch für meinen Laptop, er hat es ‚gelernt'.

Wir sehen hier, wie Wörterbücher funktionieren: Wir müssen als Wörterbuchverfasser (begründete) Entscheidungen treffen, welche Wörter wir aufnehmen wollen. So finde ich im *Deutschen Universalwörterbuch* (2001) zwar eine schätzungsweise Angabe zum Wortschatz der Alltagssprache mit der Zahl 500.000, gleichzeitig jedoch den Hinweis, dass es bei einem derartigen Umfang kaum möglich ist, mit einem Wörterbuch Vollständigkeit anzustreben (zumindest nicht mit einem einbändigen). Die Wörterbuchverfasser müssen eine Auswahl treffen, dabei aber auch begründen, nach welchen Kriterien sie bestimmte Wörter aufnehmen, andere dagegen ausschließen.

Im *Deutschen Universalwörterbuch* werden „Wörter außerhalb des sprachlichen Kernbereichs" (der auch nicht ganz einfach zu bestimmen ist) z.B. Wörter aus Fachsprachen oder aus bestimmten Sprachregionen, auch veraltete Wörter (wie z.B. *dünken*), dann zusätzlich aufgenommen, „soweit es der begrenzte Platz eines einbändigen Wörterbuches zulässt". Dies weist zwar darauf hin, dass hier eine Auswahl getroffen worden ist, eine einleuchtende Begründung ist damit allerdings wohl nicht gegeben. Denn der „begrenzte Platz" sagt nichts darüber aus, ob ich, wenn ich mehr Platz hätte, lieber den *Plasmafernseher* oder die *Brötchentaste* aufnehmen sollte.

Woraus wird ausgewählt?

Unter Berücksichtigung der Häufigkeit des Vorkommens (und hier spielt dann die Unterscheidung von *Typ* und *Vorkommen* eine ganz praktische Rolle) nahm etwa die Duden-Redaktion (neue) Wörter, die in den Medien, in ausgewählten Büchern, Zeitschriften und Zeitungen zu finden sind, traditionell in die „Duden-Sprachkartei" auf. Seit einigen Jahrzehnten stehen jedoch auch umfangreiche elektronisch gespeicherte und auswertbare Datensammlungen mit den verschiedensten Texten der deutschen Gegenwartssprache, sog. *Textkorpora* (z.B. am Institut für Deutsche Sprache in Mannheim) zur Verfügung, die sogar online von außerhalb genutzt werden können. Zu den Korpora (in dieser fachsprachlichen Verwendung heißt es *das Korpus,* nicht *der Korpus;* der Plural lautet in beiden Fällen *die Korpora*) am IDS gehört auch ein Korpus der gesprochenen Sprache, so dass selbst Ausdrücke und Wendungen, die vielleicht in schriftlichen Texten (noch) nicht vorkommen, dokumentiert sind.

Den Anspruch, eine umfassende Dokumentation des Wortschatzes des Deutschen zu sein, haben die gängigen Wörterbücher des Deutschen nicht. Wie groß die ausgewerteten Textmengen auch immer sein mögen, es muss immer eine für den jeweiligen Zweck des Wörterbuchs oder Lexikons relevante Auswahl getroffen werden. Mit der Orientierung am jeweiligen Zweck kommt auch der Wörterbuchbenutzer ins Spiel und die Frage, wozu er zu einem spezifischen Wörterbuch greift und wie er damit umgeht. So beschäftigt sich auch die Lexikographie seit einiger Zeit sich mit Fragen der Wörterbuchbenutzung und versucht die Orientierung am Wörterbuchbenutzer stärker in den Vordergrund zu rücken. Im Vordergrund steht aber immer die Frage, welchen Umfang der für ein Wörterbuch auszuwählende Wortschatz haben soll (bzw. darf) und welche Wörter er umfassen soll.

Individuelle Wortschätze

Gegenüber dem tatsächlichen (im Grunde unbegrenzten) Umfangs des Wortschatzes einer *Sprache*, seien es 500.000 Wörter oder auch nur 140.000 wie im aktuellen Rechtschreibduden, erscheint der Umfang des Wortschatzes, den ein einzelner *Sprecher* im Laufe seines Lebens erwirbt, eher gering.

Natürlich ist der jeweils beherrschte Wortschatz bei einzelnen Sprechern des Deutschen unterschiedlich groß. Je nach Ausbildung, sprachlicher Anregung des sozialen und beruflichen Umfeldes, aber auch je nach Sprachbegabung und kommunikativen Bedürfnissen eines Sprechers werden seine Sprach- und Kommunikationsfähigkeit und dementsprechend auch sein Wortschatz unterschiedlich ausgeprägt sein. So kann ein Sprecher beispielsweise zusätzlich zu seinem Grundwortschatz spezifische Fachwortschätze oder andere spezielle Wortschatzbereiche, wie z.B. jugendsprachliche Ausdrücke, beherrschen.

Während der Gesamtwortschatz eines Dichters wie Johann Wolfgang von Goethe, wenn man den in seinen Werken vorkommenden Wortschatz auszählt, rund 90.000 (verschiedene) Wörter ausmacht, verfügt ein durchschnittlicher Sprecher des Deutschen heute wohl höchstens über 3000 - 5000 Wörter. Und für die meisten kommunikativen Bedürfnisse wird man wahrscheinlich mit weniger als 1000, im alltäglichen Gespräch vielleicht mit einigen hundert Wörtern auskommen. Einem Bonmot Kurt Schumachers zufolge gab sich Konrad Adenauer mit 500 Wörter zufrieden. (Später wurde diese Aussage allerdings korrigiert und der Wortschatz Adenauers wurde mit 800 – 1200 Wörtern beziffert).

Im Grunde sind individuelle Wortschätze, wenn wir nicht ein komplettes schriftliches Werk als sog. Zählkorpus zugrunde legen, das wir (wie etwa im Falle Goethes) auswerten können, letztlich nicht verlässlich zu beziffern. Was sollen wir bei wem auf welche Weise zählen, zumal viele Menschen kaum noch eine ausreichende Menge an schriftlichen Texten hervorbringen, die wir als Zählkorpus zugrunde legen könnten? So sind wir auf exemplarische Studien angewiesen, die den Sprachgebrauch einzelner Sprecher in ausgewählten Situationen dokumentieren und auswerten. Ausgehend von solchen Einzelstudien kann man dann einigermaßen verlässlich ‚hochrechnen', um abzuschätzen, wie groß der Wortschatzumfang eines durchschnittlichen Sprechers sein könnte.

Einen aufwändigen Weg ist ein Kindersprachforscher (Klaus R. Wagner) gegangen, der einen ganzen Tag lang die Sprachproduktion seiner 9-jährigen Tochter auf Band aufgezeichnet, verschriftet und ausgezählt hat. Allein die Dokumentation einer solchen Tagesaufnahme füllt ein ganzes Buch. Die

Auszählungen Wagners ergaben für seine 9-jährige Tochter einen Gesamtwortschatz von 28142 Wörter (*tokens*), die von Teresa an einem Tag produziert wurden; der Bestand an verschiedenen Wörtern (*types*) betrug 3825 Wörter. Dies ist für ein 9-jähriges Kind sicherlich ein relativ umfangreicher Wortschatz, zumal man davon ausgehen muss, dass nicht der gesamte Wortschatz, über den das Kind verfügt, an einem einzigen Tag verwendet wurde, das Kind also durchaus bereits einen Wortschatz von 4000 oder 5000 Wörtern haben könnte, der sich in der weiteren Schulzeit noch vergrößern dürfte.

Aktiver und passiver Wortschatz

Wenn wir von dem ‚verwendeten Wortschatz' sprechen, meinen wir in der Regel den *aktiven* (oder *produktiven*) *Wortschatz,* den Wortschatz also, den ein Sprecher aktiv verwendet, der sichtbar oder hörbar in seinen sprachlichen Äußerungen oder Texten tatsächlich vorkommt.

Wir kennen demgegenüber aber auch das Phänomen, dass wir durchaus in der Lage sind, eine ganze Reihe von Wörtern zu verstehen, obwohl wir diese selbst in der Regel kaum verwenden dürften. Dabei handelt es sich dann um einen *passiven* (oder *rezeptiven) Wortschatz,* den wir durchaus auch zu unserem individuellen Wortschatz rechnen könnten, da wir in einer geeigneten Situation die betreffenden uns bekannten Wörter ja auch tatsächlich verwenden könnten. Nur mehr oder weniger zufällig sind diese Wörter in unseren Äußerungen oder Texten, die von den Linguisten vielleicht zu einem Zählkorpus zusammengestellt worden sein könnten, nicht (aktiv) präsent.

Wenn sowohl der aktive wie der passive Wortschatz zu unserem individuellen Wortschatz gehören, wird es noch schwieriger, den tatsächlichen Wortschatz eines Individuums quantitativ zu erfassen. Denn wie können wir den passiven Wortschatz überhaupt erfassen?

Theoretisch gäbe es die Möglichkeit, mit Sprechern Verstehenstests zu machen mit genau den Wörtern, die sie nicht aktiv verwenden, um dann zu ‚testen', welche der in einem konstruierten Text vorkommenden Wörter die Probanden kennen und entsprechend (richtig) verstehen. Verstehenstest sind jedoch relativ problematisch, weil es schwierig ist, ein Kriterium anzugeben, wann jemand ein Wort (richtig) verstanden hat. Denn angeben zu können, was ein Wort bedeutet, ist eine metasprachliche Fähigkeit, eine Aufgabe, die sich dem Linguisten und insbesondere dem Lexikographen stellt. Deshalb wäre es noch kein ‚Beweis', dass jemand ein Wort nicht verstanden hat, wenn er keine Bedeutungsangabe machen kann. Selbst auf die kommunikativ relevante Frage *Wie meinst Du das?* fällt es uns oft schwer, eine wirkliche Antwort zu geben und so antworten wir vielleicht auch einmal ein wenig patzig: *So wie ich es gesagt habe.*

Alles in allem ist und bleibt es schwierig, den Gesamtwortschatz, über den ein Individuum verfügt, verlässlich zu bestimmen. Gleichwohl ist es eine relevante didaktische Entscheidung beim Sprachenlernen, welchen Wortschatz ein Fremdsprachenlerner quantitativ und qualitativ erwerben soll.

Grund- oder Aufbauwortschatz?

Überlegungen zum quantitativen und qualitativen Umfang des Wortschatzes sind unter dem Aspekt des Sprach(en)lernens tatsächlich von besonderem Interesse. Sowohl für den muttersprachlichen Deutschunterricht wie auch für den Unterricht ‚Deutsch als Fremdsprache/ Zweitsprache' müssen didaktische Entscheidungen getroffen, was die Schüler lernen sollen. Und das heißt in Bezug auf den Wortschatz, welchen Wortschatz die Schüler in einem bestimmten zeitlichen Rahmen (z.B. vom ersten bis zum vierten Schuljahr in der Muttersprache oder bis zu einem bestimmten Niveau im Fremdsprachenlernen bzw. beim Erwerb des Deutschen als Zweitsprache) erwerben sollen.

In diesem Zusammenhang finden wir insbesondere in der Fremdsprachendidaktik die Unterscheidung von *Grundwortschatz* und *Aufbauwortschatz.* In der Praxis sind auch spezielle Lernerwörterbücher, die zur Wortschatzerweiterung (in bestimmten Sachbereichen) dienen sollen, größtenteils so aufgebaut, dass zu einem grundlegenden Wortschatz noch eine Liste spezieller Wörter hinzugefügt wird, die man vielleicht nur in besonderen Kommunikationssituationen oder auch nur rezeptiv (z.B. beim Lesen von Texten) benötigt.

Folgt man der Definition von A. Pfeffer, gehören zum Grundwortschatz diejenigen Wörter, die nötig sind, um 85% der Texte einer Sprache zu verstehen (das sind bei Pfeffer 1285 Wörter). Damit wird der Grundwortschatz hier zunächst rezeptiv, d.h. unter Bezug auf die Lesefähigkeit, definiert.

Trotzdem bleibt die Frage, *welche* Wörter man darüber hinaus in welchen Situationen braucht. Braucht man für das Lesen fremdsprachiger Speisekarten, wie manche Reisesprachführer zu glauben scheinen, tatsächlich unzählige Bezeichnungen für Obst, Gemüse und Speisen, damit man auch in Italien, Spanien oder Portugal weiß, was man sprachlich bzw. durch Zeigen auf die Karte bestellen kann? - Abgesehen davon, dass die Mojo-Soße im Urlaub stets um einiges besser schmeckt als zuhause, brauchen wir uns im Urlaub sprachlich wirklich nicht allzu viel Sorgen zu machen. Vielleicht kann sich der Kellner nicht spontan entscheiden, ob er Ihnen die deutsche oder die englische Speisekarte bringen soll oder ob Sie eine landessprachliche bevorzugen, aber das bekommt man schnell geregelt.

Ich versuche es fast immer mit der jeweils landessprachlichen Karte, denn dann weiß man manchmal wirklich besser, was auf den Tisch kommt, weil es gerade für landestypische Gerichte oft gar keine angemessene Übersetzung gibt, so dass das Gericht in der deutschsprachigen Karte dann umständlich und gelegentlich irreführend beschrieben wird: Kürzlich in Italien haben wir in Kooperation mit unseren Tischnachbarn richtig geraten, dass der ‚*Norwegische König*' ein Lachs war, aber darauf, dass ‚*Kitzfleisch*' Lamm war, sind wir nicht gekommen. Auch der DUDEN weist bei *Kitz* in eine andere Richtung (‚Junges vom Reh, Gämse, Ziege').

Versuchen Sie einmal, *Mojo*-Soße ins Deutsche zu übersetzen. Ich finde es weder in meinem kleinen spanischen Wörterbuch, noch in einem kleinen Sprachlehrwerk für Anfänger (‚Schnell zum Erfolg in Spanisch'). Einen Hinweis liefert vielleicht das Verb *mojar,* bei dem als eine deutsche Entsprechung ‚*eintunken*' angegeben wird; aber ein Rezept für Mojo-Soße ist das nicht: *Tunke?* Also probieren Sie das nächste Mal in Spanien einfach mal die kleinen ‚Runzelkartoffeln': *papas arrugadas con salsa mojo, por favor!*

Bei der langen Liste der Tapas oder Pinchos dürfte es ähnlich sein. Hier erweist sich mein Spanisch-Anfängerkurs mit kleinen landeskundlichen Einschüben mit folgendem Text als relativ hilfreich:

„*Kennen Sie die **tapas** ... Das sind kleine pikante Häppchen, die man zu einem Glas Bier (**cana**) oder Wein (**chata**) bestellen kann. Meist werden in den Bars kleine Fischchen (**boquerones**), Oliven (**aceitunas**) oder Schinken (**jamón**) angeboten, es gibt aber auch kleine Fleischbällchen (**albóndigas**) oder gebratene Kartoffeln mit einer scharfen Soße (**patatas bravas**) und auch die allgegenwärtige **tortilla** fehlt nie.*" (Langenscheidt Anfängerkurs Spanisch)

Ich vermute einmal, dass die scharfe Soße zu den *patatas bravas* (‚Bratkartoffeln') oder eben spezieller *papas arrugadas* (‚Runzelkartoffeln') zumindest auf den Kanaren eine (rote) *Mojo*-Soße sein dürfte. Aber unser sprachliches Problem bleibt, dass man die Bezeichnung für bestimmte Gerichte nicht wirklich ‚übersetzen' kann, sondern dass man eher zu beschreiben versucht, worum es sich handelt. Wenn man *albóndigas* als ‚*kleine Fleischbällchen*' beschreibt, ist das zwar richtig, und ich verstehe schon, dass ich jetzt (größenmäßig) keine deutschen Frikadellen erwarten darf, aber wo ist der Unterschied zu den aus den IKEA-Restaurants bekannten *Kötbullar?* Und ich weiß natürlich auch, dass eine (spanische) *tortilla* kein Elsässer *Flammkuchen* ist. Und dann fällt mir spontan nicht einmal ein, was *Flammkuchen* auf Französisch heißt: *tarte flambée,* ach ja. Aber wenigstens eine Pizza ist eine Pizza, das versteht sich von selbst. (Wem es jetzt weniger um Sprachliches, sondern mehr um Kulinarisches geht, dem darf ich mein kleines Büchlein *‚häppchen für alle‘* empfehlen, das ebenfalls 2017 im Mykum Verlag erschienen ist.)

Warum beschäftigen wir uns hier mit den Problemen einer adäquaten Übersetzung? - Obwohl *Mojo*-Soße (sprich: [*mocho*]) kein deutsches Wort ist und eigentlich auch kein Lehnwort aus dem Spanischen, gehört es doch zu meinem Wortschatz, ebenso wie *boquerones*, die in Wirklichkeit dann doch etwas Spezielleres sind als *‚kleine Fischchen/ Sardellen*'.

Was hier sprachlich von Interesse sein könnte, ist dies: Wir finden hier offensichtlich erste Anzeichen für eine sich zunächst auf Wortschatzebene allmählich entwickelnde Mehrsprachigkeit. Und wenn der spanische Kellner tatsächlich fragte, ob ich gern *kleine Fischchen* möchte, würde ich wohl antworten: *Si, boquerones en vinagre, por favor*, ohne mit meinen eher rudimentären Spanisch-Kenntnissen kokettieren zu wollen. Für einen schlichten Bestellvorgang, das ‚Ablesen‘ aus der der Speisekarte, sind sie jedenfalls völlig ausreichend.

Zum Grundwortschatz *des Deutschen* (= der deutschen Sprache) werden die vielfältigen Tapas-Bezeichnungen allerdings wohl kaum zu rechnen sein, auch wenn sie schnell zum Grundwortschatz eines deutschen Spanien-Urlaubers gehören werden, insbesondere wenn er jenen wirklich kleinen, 190 Seiten umfassenden Reisesprachführer von 1994, den zwei Linguisten (!) verfasst haben, zu Rate zieht. Dieser zählt auf 20 Seiten alles auf, was die spanische Küche zu bieten hat: Fast schon Aufbauwortschatz für angehende Köche oder Kellner.

Häufigkeitswörterbücher

Was nicht zuletzt bei der didaktisch sinnvollen Unterscheidung von Grund- und Aufbauwortschatz ein grundsätzliches Problem darstellt, ist auch für die Linguistik ein grundsätzliches Problem: Was soll eigentlich zum Grundwortschatz gehören und wie kann man so etwas wie den Grundwortschatz (einer Sprache) empirisch ermitteln?

Eine mögliche Antwort ist die, dass man herausfinden müsste, welche Wörter des Deutschen besonders gebräuchlich sind, welche Wörter also in einer repräsentativen Auswahl von Texten besonders häufig vorkommen. Genau diese Frage versuchen *Häufigkeitswörterbücher* zu beantworten. Das bis heute umfangreichste Wörterbuch dieser Art wurde bereits Ende des 19. Jahrhunderts (1897) von F.W. Kaeding verfasst, ein „*Häufigkeitswörterbuch der deutschen Sprache*", das bereits auf einem relativ breit gestreuten Textkorpus basiert.

Wenn man die Vorkommenshäufigkeit eines Wortes ermitteln will, muss man natürlich jedes ‚Vorkommen' eines Wortes, also *tokens,* zählen und diese einem Typ (*type)* zuordnen. Aufgrund der Häufigkeit des Vorkommens eines Worttyps erhält dann jedes Wort einen Rangplatz.

Das grundsätzliche Problem bleibt dabei jedoch die *Repräsentativität* der Texte, die in das jeweilige Zähl-Korpus aufgenommen werden. Bei Kaeding ist es immerhin schon eine Gesamtzählmenge von 11 Millionen Wörtern (Wortformen), so dass mengenmäßig die Repräsentativität einigermaßen abgesichert erscheint. Selbst das maschinenlesbare Korpus des Instituts für Deutsche Sprache (IDS) in Mannheim verfügte 1988 erst über 20 Millionen Wortformen, inzwischen sind es wesentlich mehr. Für die Repräsentativität eines Textkorpus ist jedoch nicht allein die Menge der Wörter entscheidend, sondern auch die Auswahl und Zusammenstellung verschiedener Textsorten.

So wurde an der Textauswahl Kaedings gut ein halbes Jahrhundert später von G. F. Meier (*Deutsche Sprachstatistik I/II*, Hildesheim 1964) gerade die „Bevorzugung gewisser Stoffe" kritisiert, was allerdings bei einer entsprechend großen

Anzahl von Wörtern eher unproblematisch ist, weil es statistisch gesehen nicht ins Gewicht fällt. Wollte man sich heute auf Kaedings Wortliste beziehen, so stellte sich eine andere Art von Relevanzproblem, dass nämlich die von Kaeding zugrunde gelegten Texte allesamt Texte des ausgehenden 19. Jahrhunderts sind, Texte also, die, wie G. F. Meier zu Recht bemerkt, „die öffentliche Sprache eines bürgerlich-monarchischen Deutschland etwa in den ‚Gründerjahren' nach 1871" widerspiegeln.

Die Frage nach der Repräsentativität eines Korpus stellt sich also stets in zweierlei Hinsicht: Zum einen ist nach der Auswahl der Stoffe und Textsorten zu fragen, zum anderen ist die Repräsentativität immer nur relativ zur Entstehungszeit der zugrunde gelegten Texte zu beurteilen. Da die Sprache sich stetig wandelt, kann man natürlich nicht Texte des 18. oder 19. Jahrhunderts heranziehen und diese für repräsentativ halten für die Sprache des 20. und 21. Jahrhunderts.

Inhaltswörter und Funktionswörter

Trotzdem scheint sich das Phänomen des Sprachwandels bei den oberen Häufigkeitsstufen kaum bemerkbar zu machen. Auf den ersten drei Stufen, d.h. unter den häufigsten 1000 Wörtern Deutsch finden sich nämlich schon bei Kaeding genau die Wörter, die „für eine ausreichende syntaktische Bildung der Sprache im Deutschen unerläßlich sind" (G. F. Meier, 1964). Dementsprechend finden sich auf den vorderen Rangplätzen damals wie heute relativ konstant die sog. *Funktionswörter*, Wörter also, die die syntaktischen Verhältnisse in einem Satz regeln, wie z.B. Präpositionen. Für die Bestimmung eines Grundwortschatzes scheinen demgegenüber jedoch die sog. *Inhaltswörter* bedeutsamer zu sein, die sich auf ‚Gegenstände' in der Welt beziehen.

Gesprochene Sprache

Gerade bei den Inhaltswörtern ist die Vorkommenshäufigkeit dann jedoch in der Tat in großem Maße abhängig von den in den ausgewählten Texten dargestellten Inhalten. Dies wird besonders deutlich bei Häufigkeitswörterbüchern zur gesprochenen Sprache, die aufgrund ihrer eher regionalen Orientierung (wie z.B. das Häufigkeitswörterbuch von A. Ruoff, 1981, das in Zusammenarbeit mit der Tübinger Arbeitsstelle ‚Sprache in Südwestdeutschland' entstanden ist), aber auch aufgrund der jeweiligen Interviewfragen charakteristische thematische ‚Verzerrungen' aufweisen. - So verzeichnet Ruoff beispielsweise einen relativ hohen Rangplatz für das Wort *Flegel* im Sinne von ‚Dreschflegel' mit 86 Belegen, was er selbst darauf zurückführt, dass „bei den Aufnahmen oft nach dem früheren Verfahren des Garbendreschens gefragt worden" war.

Wie wir sehen, ist eine verlässliche Ermittlung der Vorkommenshäufigkeit bestimmter Wörter in der deutschen Sprache bzw. in deutschen Texten relativ aufwändig und letztlich nicht unproblematisch, da in den Zähltexten einerseits zu wenig Inhaltswörter vorkommen, diese andererseits wiederum zu spezifisch auf bestimmte Themenbereiche bezogen und damit nicht wirklich gemeinsprachlich sind, sondern allenfalls zum Aufbauwortschatz gehören dürften.

Für die Entwicklung von Grundsprachkonzeptionen (*basic english, francais fondamentale, Grunddeutsch*) kann man sich zwar grundsätzlich auf Häufigkeitsangaben berufen, man wird jedoch darüber hinaus auch einen für je spezifische Lebensbereiche des Nutzers relevanten Wortschatz zu berücksichtigen versuchen müssen.

Grundsprachkonzeptionen: Grunddeutsch

In Anlehnung an das sog. „Basic English", das als internationale Verständigungssprache zumindest für rudimentäre kommunikative Zwecke ausreichend sein dürfte, finden sich seit den 70-er Jahren des 20. Jahrhunderts auch Überlegungen zu möglichen Grundsprachkonzeptionen für das Deutsche. Es war dabei von Anfang an klar, dass man sich aufgrund der genannten Schwächen von Häufigkeitswörterbüchern nicht allein auf den dort auf den vorderen Plätzen rangierenden Wortschatz beschränken konnte. So wurde auch der Wortschatz einbezogen, der für die Behandlung bestimmter Stoffgebiete als gebräuchlich und für den durchschnittlichen Sprecher als verfügbar angesehen wurde.

Dies entspricht in etwa den Überlegungen zu einem Aufbauwortschatz, der in der Regel nach Sachgebieten angeordnet wird. Der für diese Sachgebiete gebräuchliche Wortschatz ist zwar ein unter Umständen sehr spezieller Wortschatz, den man gemeinsprachlich eher selten benötigt. Wenn man sich aber in einem solchen spezifischen Bereich auch sprachlich bewegen möchte, dann muss man in der Tat auch über den entsprechenden Wortschatz verfügen, damit die Kommunikation nicht misslingt. Darüber hinaus finden sich Teile von Fachwortschätzen inzwischen immer häufiger auch in der Gemeinsprache.

In Italien wird es mir nicht besonders schwer fallen, Super-Benzin (*super*) korrekt zu tanken, und das gelingt mir auch in Spanien (*super)* und natürlich auch in Deutschland (*Super*), denn die aus dem Lateinischen entlehnte Steigerungsform macht *super* zu einem *Internationalismus*, selbst wenn die Aussprache von Sprache zu Sprache variieren mag und wir etwa im Französischen das *u* als ein [ü] aussprechen. Bei Diesel wird es dann allerdings ein wenig schwieriger, obwohl sich auch die Bezeichnung *Diesel* in Europa immer größerer Beliebtheit erfreut. So stand auf dem Tankdeckel eines Peugeot 207, den ich im letzten Urlaub in Spanien gemietet hatte, „*Diesel*“ und nicht *gasoil,* wie es auf Spanisch eigentlich hätte heißen müssen. An einer spanischen Tankstelle wird es jedoch auf jeden Fall hilfreich sein, die Unterscheidung von *gasoil* (Diesel) und *gasolina* (Benzin) zu beachten. Tanken Sie im Zweifelsfall ‚*Super*‘, aber auf keinen Fall, wenn Sie einen Diesel fahren!

An der Tankstelle (und nur hier!) benötigen Sie den speziellen (Fach)wortschatz, mit dem in der jeweiligen Sprache ‚Benzin' und ‚Diesel' unterschieden wird. Wenn Sie nur mit öffentlichen Verkehrsmitteln oder mit dem Fahrrad unterwegs sind, kann Ihnen das egal sein. Unsere Frage war jedoch eine sprachliche: Sollten die Wörter *Diesel* und *Benzin/ Super* zum Grunddeutsch gehören oder nicht? Wie würden Sie sich entscheiden und warum?

Produktiv oder rezeptiv?

Einen Nachteil haben wohl alle Grundsprachkonzeptionen: Der angebotene und zu lernende Grundwortschatz eröffnet zwar rudimentäre Kommunikations- und Verstehensmöglichkeiten, er eröffnet jedoch nicht die Möglichkeit, beliebige Texte in der betreffenden Sprache zu verstehen. Denn diese sind nicht unter didaktischen Gesichtspunkten für irgendeinen Fremdsprachenlerner und auch nicht für muttersprachliche Kinder eines dritten oder vierten Schuljahres konzipiert, sondern schöpfen aus den vollen sprachlichen Möglichkeiten der betreffenden Sprache. Und das ist auch gut so, auch wenn es der Allgemeinverständlichkeit von Texten (‚leichte Sprache') nicht immer zuträglich ist.

Über Grunddeutsch bzw. über einen entsprechenden Grundwortschatz zu verfügen, sollte es mir ermöglichen, einfache deutsche Texte zu lesen und zu verstehen und vielleicht ist es dazu ja tatsächlich ausreichend, über die Wörter verfügen, die man (nach Pfeffer) benötigt, um etwa 85% aller deutschen Texte lesen und verstehen zu können.

Obwohl man in der Fremdsprachendidaktik gemeinhin annimmt, es sei leichter, fremdsprachliche Texte zu *verstehen* als in der Fremdsprache selbst Texte zu *produzieren*, fällt uns gerade in der Mündlichkeit doch gelegentlich die produktive Seite in der Fremdsprache, das Sprechen, leichter als die rezeptive Seite, das Hören und Verstehen, wo der Sprecher oder Schreiber bei der Produktion in der Regel keine möglicherweise eingeschränkte Kompetenz des Hörers oder Lesers in Betracht gezogen hat.

Muttersprachlich ist dagegen unser passiver Wortschatz, das also, was wir verstehen können, zweifellos größer als unser aktiv verwendeter Wortschatz. Das kann in der Fremdsprache zwar genauso sein, aber wir stoßen eben gerade auch rezeptiv schnell an die Grenzen unserer Fremdsprachenbeherrschung, wenn plötzlich mit Originaltexten aus der Fremdsprache anstatt mit didaktisch aufbereiteten Lerntexten gearbeitet wird oder wenn wir uns in eine reale Kommunikationssituation mit (nicht didaktisch motivierten) Sprechern einer anderen Muttersprache begeben.

Entlehnungen („Fremdwörter")

Während wir bislang immer wieder Beispiele aus anderen Sprachen angeführt haben, um Phänomene aufzuzeigen, die uns in unserer Muttersprache kaum mehr auffallen, weil sie für uns als Muttersprachler kein Problem darstellen brauchen wir doch nur unsere Muttersprache zu betrachten, um auch dort ‚Fremdes' zu entdecken, wie z.B. Wörter, die aus anderen Sprachen ins Deutsche übernommen bzw., wie die Linguisten sagen, ‚entlehnt' worden sind: *Lehnwörter* oder *Fremdwörter*.

Der immense Nutzen von Entlehnungen aus fremden Sprache tritt in der Wahrnehmung der Muttersprachler oft in den Hintergrund gegenüber der eher kritischen Einschätzung einer zunehmenden Verwendung von Fremdwörter. Ob er bestimmte Wörter, z.B. Fremdwörter, in seinen Äußerungen und Texten verwenden will oder nicht, kann allerdings jeder Sprecher selbst entscheiden. Dazu braucht er nicht den Rat von Sprachkritikern, die sich weniger um das Wohl der Sprecher sorgen, sondern zu befürchten scheinen, die deutsche Sprache könne Schaden nehmen, wenn zunehmend Wörter aus fremden Sprachen, insbesondere aus dem Angloamerikanischen, sog. Anglizismen, ins Deutsche ‚eindringen'.

Dass sich Sprachen nicht ‚abschotten' können, sondern sich wechselseitig beeinflussen, ist überdies kein Phänomen, das erst im 20. Jahrhundert aufgetreten wäre, sondern alle lebenden (man könnte auch sagen ‚lebendigen') Sprachen verdanken ihre heutige Form, insbesondere ihren Wortschatz, zu einem großen Teil dem historischen Einfluss anderer Sprachen.

So gehen etwa alle romanischen Sprachen auf das Lateinische zurück und haben damit eine gemeinsame Basis, die die romanischen Sprachen auch für den Laien als ‚verwandt' erscheinen lässt. Trotzdem haben sich die romanischen Sprachen aufgrund verschiedener sprachhistorischer Entwicklungen und Einflüssen anderer Sprachen unterschiedlich weiterentwickelt. Dabei erscheinen uns beispielsweise das Spanische und das Italienische ähnlicher als etwa das Spanische und das unter dem Einfluss slawischer Sprachen relativ fremd erscheinende Rumänische.

Aber warum sind manche Wörter ähnlich, manche ganz verschieden, warum heißt es im Spanischen *gasolina* und im Italienischen *benzina,* im Polnischen übrigens auch *benzyna*; in allen Sprachen finden wir *Super,* aber wo kommt das Wort *Diesel* her, das sich europaweit zu verbreiten scheint (polnisch *diesel* oder *silnik diesla*; spanisch *gasoil* oder *diesel;* italienisch *gasolio*)?

Einmal scheinen auch die romanischen Sprachen hier etwas aus dem Angloamerikanischen übernommen zu haben (nicht englisch *petrol,* sondern amerikanisch *gas(oline)),* ein anderes Mal etwas aus dem Deutschen: *Benzin,* ein Wort, das im Etymologischen Wörterbuch (Herkunftswörterbuch) von Friedrich Kluge als Neubildung des 19. Jahrhunderts verzeichnet wird und sich von *Benzoe,* der Bezeichnung für das Harz des Benzoebaumes herleitet. ‚Benzoe' aber hat eine seltsame Geschichte: Es ist „über verschiedene romanische Zwischenstufen, wohl aus arab. *luban gawi*" entstanden, was wörtlich 'javanischer Weihrauch' heißen soll (ein deutsches Wort, kein deutsches Wort?).

Diesel hat eine andere Entstehungsgeschichte. Sie wissen es: Der Erfinder des Dieselmotors war Rudolf Diesel, so wie der Ottomotor von dem deutschen Ingenieur Nikolaus Otto entwickelt wurde. Hier steht der Eigenname Pate für die Bezeichnung. – Das Spanische bildet für ‚Benzin' nun aber das amerikanische Wort nach: Aus amerik. *gasoline* wird *gasolina*, was Benzin ja tatsächlich ist, ein Gas-Leichtölgemisch. Und wenn wir im Deutschen das Wort *Gasolin* einführen wollten? Dann handelte es sich wohl ebenfalls um eine Entlehnung aus dem Amerikanischen *gas* (für ‚Treibstoff') und aus dem Lateinischen ‚*oleum*' (für ‚Öl'). So mischt sich nicht nur Öl mit Luft, sondern auch die Sprachen mischen sich und tragen damit einem immer wieder neu entstehenden Bezeichnungsbedarf Rechnung.

Französische und andere sprachliche Quellen

Waren im 18. Jahrhundert Entlehnungen aus dem Französischen in Mode gekommen (*Perron, Trottoir*), so sind es in der Nachkriegszeit seit 1945 (und wohl bis heute andauernd) insbesondere englisch-amerikanische Ausdrücke, die ins Deutsche übernommen werden, oft über den Umweg über verschiedene Sub-Sprachen wie der Sprache der Werbung, der Jugendsprache oder der Sprache der Musik- oder Computerbranche.

Die Sprachkritik blieb in ihrem Bemühen, die englisch-amerikanischen Ausdrücke zu brandmarken und die Verwendung ‚deutscher' Bezeichnungen zu empfehlen, letztlich erfolglos. Erfolgreich wurde dagegen das französische *Trottoir* durch den deutschen *Bürgersteig*, der *Perron* durch den deutschen *Bahnsteig* ersetzt, während der *Perron* seinen Weg weiter nach Osten nahm: Was heißt *Bahnsteig* auf Polnisch: *peron.* Hier ist ein offensichtlich aus dem Französischen ins Polnische entlehntes Wort sogar noch in der Wortbildung produktiv: So heißt etwa die Bahnsteigkarte, die es in Polen noch gibt, *peronówka.*

Seltsam erscheint es uns dagegen, dass *Bahnsteig* im Französischen heute nicht mehr *perron* heißt, sondern *quai de gare. Perron* ist aus dem normalen Wörterbuch völlig verschwunden. Es heißt (oder hieß) wohl ‚Freitreppe' und geht auf das altfranzösische Wort *perron* zurück, das ‚großer Stein' bedeutete und aus dem Italienischen *petra* (‚großer Stein') entlehnt wurde, dieses wiederum aus dem griechischen *pétra/ pétros.* Und so landen wir sprachlich ganz schnell bei den ‚alten Griechen' oder bei den biblischen Namen. Sie vermuten schon richtig, was der Name *Petrus* bedeuten könnte: ein ‚Fels in der Brandung'?

Immer wieder finden Sie in Europa auch den Ortsnamen *Petra.* Kürzlich stieß ich auf Mallorca auf diesen Ortsnamen, wo man nach *Petra* kurz vor Manacor nach Norden abbiegt, wenn man auf der Autostrada von Palma Richtung Cala Ratjada fährt. Aber ganz so steinig sind die Wege und Straßen heute wohl nicht mehr. Und wenn wir nächsten Monat nach Kreta fliegen, werden wir in der südlichsten Stadt Europas, in *Ierapetra,* wohl überwiegend auf lange *Kies*strände, weniger auf Sandstrände stoßen.

So sind sich die Europäer bereits historisch sprachlich näher als man denkt, und sie rücken in der Gegenwart immer näher zusammen. Neben den romanischen Sprachen im Süden und den germanischen Sprachen im Norden ist das Englische bereits seit langem eine regelrechte ‚Mischsprache'. Ein Indiz dafür sind die zahlreichen Doppelbezeichnungen, auch wenn diese oft feine Bedeutungsdifferenzierungen enthalten: So kennen wir das Standardbeispiel *Fleisch,* für das es im Englischen zwei Entsprechungen gibt, *meat* und *flesh*, wobei *flesh* dann spezifisch für ‚*lebendiges* Fleisch' verwendet wird.

In den Fachsprachen dominiert bei der Bildung fachsprachlicher Ausdrücke einerseits das Lateinische mit Entlehnungen oder Neubildungen, wie wir sie etwa aus dem medizinischen Fachwortschatz kennen (wo jedoch neben dem Latein auch das Altgriechische eine Rolle spielt). Andererseits rückt im Kontext der Internationalisierung der Wissenschaften zunehmend das Englisch-Amerikanische in den Vordergrund, das nicht nur bei der Bildung von Fachausdrücken verwendet wird, sondern auch in der Kommunikation der Wissenschaftler immer mehr zur allgemeinen Verkehrssprache (*lingua franca*) wird.

Reicht aber der Einfluss des Englischen so weit, dass wir tatsächlich sagen können, das Deutsche sei auf dem Weg, sich zu einer deutsch-englischen Mischsprache, *Denglisch* oder *Engleutsch,* zu entwickeln? Wohl kaum. Und wenn es wirklich so wäre, sollten oder könnten wir diese Entwicklung dann aufzuhalten versuchen? Was meinen Sie?

Anglo-Amerikanismen

Tatsächlich werden auch in der Alltagssprache immer mehr Anglizismen oder Amerikanismen verwendet, die ebenso wie die Wortbildung (Ableitungen, Zusammensetzungen) Mittel darstellen, den Wortschatz des Deutschen zu erweitern. Dies geschieht in den seltensten Fällen durch Initiative individueller Sprecher des Deutschen, die, aus welchen Gründen auch immer, plötzlich lieber Englisch als Deutsch reden möchten. Die Entlehnung von Wörtern aus anderen Sprachen muss man sich eher so vorstellen, dass in kleineren oder größeren Kommunikationsgemeinschaften bestimmte Arten von kommunikativen Bedürfnissen entstehen, denen die Sprecher am besten (oder am einfachsten) gerecht werden zu können glauben, wenn sie Ausdrücke aus dem Englischen ins Deutsche übernehmen.

Tatsächlich könnte gelegentlich eine echte ‚Bezeichnungsnot' bestehen für Gegebenheiten, oft auch für Produkte, für die es (noch) keine deutschen Bezeichnungen gibt. Was ist eigentlich *fast food?* Ein *Schnellimbiss*, *Fertigkost* oder das MacDonald-Angebot an *Burgern*? Sollten wir den *Hamburger* denn wirklich eindeutschen und ihn *Schinken-Brötchen* nennen, was wohl genauso etwas anderes ist als ein *Hamburger,* wie meine spanischen *boquerones* etwas anderes sind als ‚kleine Fischchen'*?* Sogar die amerikanische Aussprache des *Hamburgers* macht Sinn, denn ein Hamburger (= ein aus Hamburg stammender Mensch) ist etwas anderes als ein [Hämbörger], der bekanntermaßen von MacDonalds stammt. Anstatt eines *BigMacs* könnte ich ja vielleicht „den großen da" bestellen, wenn das ein geeignetes Unterscheidungsmerkmal ist. – Wie groß ist eigentlich der ‚*Halwe Hahn*', den ich in Köln bestellen könnte? Größer als ein ‚Käsebrötchen'? Gerade bei Produktnamen, ob sie regional oder fremdsprachig sind, sollten wir wohl lieber lernen, was sie bezeichnen als uns mit unpassenden Übersetzungsversuchen zu verkünsteln. Bleiben wir also lieber genauso beim ‚*Halwen Hahn*' und den schwäbischen ‚*Spätzle*' wie bei der ‚*Pizza*' und beim ‚*BigMac*'.

Gelegentlich ist es mit den Anglizismen jedoch linguistisch durchaus ein wenig kompliziert. Das schöne englische *Handy,* das wir auch noch englisch mit [ä] aussprechen, heißt auf Englisch nicht *Handy,* sondern *mobile phone (*also *‚Mobiltelefon').* Und wie verhält es sich mit den neuen *Smart Phones*? Was ist daran denn *smart?* Und was ist dann an den *Smarties* smart? Ist *smart* nicht schon längst ein deutsches Wort? Es scheint so, denn wir deklinieren es wie ein deutsches Adjektiv: *‚er ist wirklich ein smart**er** Typ', ‚der smart**e** junge Mann';* ganz schön *taff* (oder *tough*?) und *cool* obendrein (oder *kuhl*?).

Pluralbildung bei Entlehnungen

Wenn Ihnen danach ist, ein wenig auszuspannen, dann haben Sie kein Problem, das *relaxen* zu nennen, also die deutsche Infinitivendung *-en* an das englische Verb *to relax* anzuhängen (oder sagen Sie auch bereits *chillen*?) Die entlehnten Wörter werden hier also grammatisch wie deutsche Wörter behandelt.

Seltsamerweise ordnen sie sich aber oft nicht den Regeln der deutschen Pluralbildung unter: *Ein Star!* Ob damit ein Vogel oder ein Schlagerstar gemeint ist, können Sie erst im Plural erkennen: *zwei Stare* sitzen im Winter in unserem Vogelhäuschen, aber *zwei Stars* stehen heute das erste Mal gemeinsam auf der Bühne. Der Fremdwort-Plural ist offensichtlich das -*s*, wie wir es aus der englischen Pluralbildung kennen. Diese

Regel gilt jedoch nicht, wenn es sich um Entlehnungen oder Neubildungen (*Neologismen*) aus dem Lateinischen handelt. Dann wird der Plural nämlich im Allgemeinen so gebildet, wie es im Lateinischen üblich ist: *das Antibiotikum – die Antibiotika.* Und wenn man gelegentlich hört, der Arzt habe jemandem „**ein Antibiotika*" verordnet, fragt man sich, wer heute noch so viel Latein versteht, dass er die lateinische Pluralbildung korrekt verwenden und verstehen kann (und wie sieht es bei *Sulfonamid/ Sulfonamide* aus?).

Da machen wir es uns mit der *Pizza* einfacher. Wir bilden den Plural nicht wie im Italienischen, wo die Mehrzahl *pizze* heißen würde, sondern wie bei englischen Fremdwörtern mit *–s*: *zwei Pizzas* oder mit deutscher Pluralbildung: *zwei Pizzen.* Möglicherweise ist die Pluralbildung mit *-s* auch ein Hinweis darauf, dass es sich um ein vielleicht noch nicht voll integriertes ‚Fremdwort' handelt, bzw. dass es im anderen Fall gar nicht mehr als solches wahrgenommen und an die Regeln der deutschen Pluralbildung (und ggf. auch der deutschen Rechtschreibung) angeglichen worden ist. In der Tat finden wir analog zu dem *en*-Plural bei *Pizzen* eine ganze Reihe von deutschen Wörtern, die genau diese Pluralbildung aufweisen: *Hase – Ha***sen**, *Katze – Katz***en**.

Schon für die deutschen Wörter ist die Pluralbildung relativ kompliziert, weil es mehrere einzelne und auch komplexe Pluralmorpheme gibt (z.B. Umlaut + *-er,* wie in *Häuser*), deren Gebrauch relativ schwer zu systematisieren ist. Dies setzt sich teilweise bei den Fremdwörtern fort, wenn wir einerseits schwankende Pluralformen finden (*Pizz***as**/ *Pizz***en**) oder die herkunftssprachliche Pluralbildung von Fall zu Fall erhalten bleibt (lat. *Antibiotik***um**/ *Antibiotik***a**).

Spezifische ‚Domänen' für Entlehnungen

Als ich einmal bei der morgendlichen Wetterkarte im ZDF auf die Verwendung von Anglizismen oder anderen

‚Fremdwörtern' achtete, fand ich kein einziges (von *Temperatur* einmal abgesehen). In einer anschließenden Reportage über die immer noch große Zahl fehlender ‚Kitas' (= Kindertagesstätte; zu Abkürzungen siehe weiter unten) war dann allerdings plötzlich von einem *worst-case-scenario* die Rede.

Welchen Anteil haben also die Medien, Zeitungen, Film, Funk und Fernsehen, an der Übernahme und Verbreitung von Anglizismen? Offensichtlich ist es weniger von der Art des Mediums, als vielmehr vom jeweiligen Sendeformat, von der Textsorte oder der ‚Domäne' abhängig, wie umfangreich (und auch wie sinnvoll) der Gebrauch von Anglizismen jeweils ist.

Generell sind es bestimmte ‚Domänen', wie sie Ulrich Ammon schon 1990 in einem Beitrag in der kleinen Zeitschrift ‚*Sprachreport*' (Institut für Deutsche Sprache, Mannheim) angesprochen hat, in denen das Englische zunehmend dominant wird (auch wenn dieser *Trend* die deutsche Sprache gewiss nicht in ihrer Existenz bedroht): die populäre *Musikszene*, die *Wissenschaft* und die *Wirtschaft*.

‚*Wirtschaft*' meint dabei nicht nur die Wirtschaftswissenschaften oder die Unternehmenskommunikation, sondern reicht bis zum Marketing oder bis zur Werbekommunikation (so vermutlich auch im ‚Musikgeschäft'). Gerade hier wird aber auch deutlich, dass nicht alles, was die Kreativität der Werbefachleute an Anglizismen hervorbringt, in den allgemeinen Sprachgebrauch übergeht und damit Teil der deutschen Sprache wird. Es bleibt oft bei sog. Ad-hoc-Bildungen (was *ad hoc* in diesem Zusammenhang bedeutet, kann ich im DUDEN, Band 5 „*Das Fremdwörterbuch*" nachlesen: ‚*zu diesem Zweck*' oder ‚*aus dem Augenblick heraus gebildet*').

Die Ad-hoc-Bildungen selbst, wie das *City-Shirt* oder *Dress-Hemd,* wird man dort allerdings nicht finden. Ich habe sie als offensichtliche Ad-hoc-Bildungen eines Mannheimer Bekleidungshauses in den 90-er Jahren gefunden und irgendwie auch verstanden. Die Bedeutung ergibt sich wohl aus der Betrachtung der so ausgezeichneten Hemden, das Wort selbst bleibt uns aber in dem Sinn ‚fremd', dass wir es in der Regel nicht aktiv verwenden werden: Wenn der Mannheimer ein

Hemd kaufen will, wird er kaum nach einem ‚City-Shirt' fragen, sondern schlicht nach einem ‚(Ober-)Hemd' und die Verkäuferin wird im Sommer allenfalls zurückfragen, ob mit langem oder mit kurzem Arm.

Das künstlich geschaffene, nicht wirklich entlehnte Wort verbleibt in seiner ‚Domäne' und wird für den durchschnittlichen Sprecher des Deutschen allenfalls Teil seines passiven Wortschatzes werden. Aber auch diesen Befund kann man nicht generalisieren. Prüfen Sie selbst, wie Sie z.B. mit den Zusammensetzungen *Citybike, Citycall, Cityruf* oder mit dem einfachen Wort *City* umgehen (alle im DUDEN-Fremdwörterbuch verzeichnet). Verstehen Sie es nur oder benutzen Sie es (zumindest gelegentlich) bereits auch aktiv? Gehen Sie in Köln lieber in die City oder in die Altstadt?

Reflektierte Sprachenwahl

Könnte man alles Fremdsprachige, das sich historisch wie auch aktuell in unserer Sprache findet, nicht ‚ins Deutsche' übersetzen? – Man müsste wohl antworten, dass in dem Moment, in dem ein Wort, das aus einer anderen Sprache stammt, im Deutschen regelmäßig verwendet wird, dieses Wort Teil der deutschen Sprache geworden ist. Was soll man da noch übersetzen? Wenn das betreffende Wort für manche Sprecher des Deutschen (noch) schwer verständlich ist, muss man sich vielleicht überlegen, wo (in welcher ‚Domäne') man es problemlos verwenden kann und wo man es vielleicht erklären muss.

Radio und *Telefon* braucht man niemandem mehr mit den deutschen Ausdrücken *Rundfunk* oder *Fernsprecher* zu ‚erklären', denn diese deutschen Wörter erklären ja auch nicht, wie die drahtlose Kommunikation wirklich funktioniert; sie sind vermutlich sogar weniger gebräuchlich als die betreffenden ‚Fremdwörter'. Auch uns völlig vertraute Wörter wie *Mauer* und *Fenster* wären streng genommen Fremdwörter: Es sind tatsächlich sehr frühe Entlehnungen aus lat. *murus* und *fenestra*. Aber niemand wird etwas dagegen haben, dass wir all diese

Wörter völlig ungezwungen verwenden. Und so sollten wir es auch mit denjenigen Wörtern machen, die zu einem späteren Zeitpunkt in der Entwicklung der deutschen Sprache unsere kommunikativen Möglichkeiten erweitert haben, also jüngere Entlehnungen sind.

Es zwingt uns ja niemand, ein Wort wie *City-Shirt* zu benutzen, wenn wir mit unserem schlichten *Oberhemd* (im Leben wie auch kommunikativ) ganz gut zurechtkommen. Und umgekehrt, sollten wir auch niemandem davon abraten, *Fair-Trade-Produkte* zu kaufen, nur weil wir für den fairen Welthandel kein ‚deutsches' Wort haben. Das ist nicht fair!

Also können wir jedem nur empfehlen, die *After-Work-Partys* (nicht *parties*!) getrost zu feiern, so wie die Mädchen in früheren Jahrzehnten ihren *Petticoat* und die Jungen ihre *Bluejeans* getragen haben, die damals noch *Nietenhosen* hießen, so wie sie damals *Twist, Bossa Nova* oder *Limbo* getanzt haben, so wie sie heute *rappen* oder uns einen *Breakdance* vorführen, den wir als Laien wohl für Akrobatik halten müssen. An Akrobatik dachten wir tatsächlich, als wir vor einigen Jahren eine italienische Version zwischen dem Kolosseum und der *Piazza Venecia* (da sagen wir doch nicht *Venedig Platz*!) in Rom bestaunt und beklatscht haben. Wo ein Glas Bier acht Euro kostet, war uns eine derartige Vorstellung dann durchaus mehr als einen Euro wert.

Döner oder Kebab?

Warum haben wir bisher nicht von den Einflüssen des Türkischen auf das Deutsche gesprochen? – Wohl deshalb nicht, weil diese Einflüsse trotz eines relativ hohen Anteils an türkischen Migranten erstaunlich gering sind, zumindest wenn wir uns außerhalb des ‚Kiez' und jugendsprachlicher Lebenswelten bewegen.

Abgesehen davon, dass der „*Döner*" in Wirklichkeit eine deutsche ‚Erfindung' sein soll, ist das Türkische in Deutschland keine sog. *Prestige-Sprache*, wie es das Englisch-

Amerikanische in der Nachkriegszeit war. Es ist von der Sprachfamilie her auch keine dem Deutschen verwandte, keine indogermanische Sprache, sondern eine sog. Turk-Sprache.

Aus welchen Gründen auch immer: Wir finden im Deutschen so gut wie keine Entlehnungen aus dem Türkischen. Einmal abgesehen davon, dass wir einige Bezeichnungen für türkische Speisen kennen, wie vielleicht *börek* oder *ekmek* (Brot), haben sich in Deutschland offenbar nur wenige darum bemüht, Türkisch zu lernen. Genauso wenige haben sich aber auch bemüht hat, Polnisch oder Portugiesisch zu lernen, und tatsächlich gibt es auch aus dem Polnischen oder aus dem Portugiesischen wohl nur einige wenige Entlehnungen.

Mit den ersten polnischen Gastarbeitern, die Anfang des 20. Jahrhunderts ins Ruhrgebiet einwanderten, bürgerten sich zwar Familiennamen wie *Alischewski* und *Schimanski* ein, ansonsten wurden jedoch nur wenige Ausdrücke aus dem Polnischen entlehnt: *Pienądze* heißt im Polnischen ‚Kleingeld', und wenn Sie im Ruhrgebiet leben, wissen Sie sehr gut, dass Ende des Monats die *Penunzen* knapp werden können.

Noch schöner ist es mit unserer guten deutschen Gurke, die sich sprachlich ebenfalls als eine Entlehnung aus dem Polnischen *ogórek* (ó wird [u] gesprochen) entpuppt (bereits seit dem 16. Jahrhundert in verschiedenen Formen belegt, so z.B. niederdeutsch *augurke*). Seltsam nur, dass die (polnische) Gurke nicht über den Rhein gekommen ist, denn westlich des Rheins finden wir, selbst weiter im Norden im Niederländischen die *concomers,* wie im Französischen die *concombres.* Keine Gurke weit und breit. Hier hat das indische *cucumis* Pate gestanden und nicht das Polnische.

Blicken wir nicht nur auf die gegenwärtige Situation sprachlichen Austausches, so entdecken wir schnell, dass im Grunde jede Sprache durch vielfältige Entlehnungen aus vielen anderen Sprachen bereichert worden ist. Das Wort *Gurke* ist ein relativ altes Entlehnungsbeispiel, so dass heute kaum jemand daran zweifeln würde, dass *Gurke* ein (altes) deutsches Wort ist.

Als neuere Beispiele ließen sich reihenweise exotische Früchte aufzählen, deren Namen wir kaum ins Deutsche ,übersetzen' werden: *Papaya, Mango, Kumquats*, usw. Aber es gibt natürlich auch Beispiele für Doppelbezeichnungen, wie *Rucola/ Rauke*, wo das zweite die deutsche Bezeichnung zu sein scheint. Leider falsch: Auch *Rauke* ist eine alte Entlehnung, die ins 16. Jahrhundert verweist, wo *Rauke* bereits aus dem italienischen **ruca* (belegt ist nur *rucola* und *ruchetta*) entlehnt worden sein dürfte.

Solche ,Wortgeschichten', lassen sich im „*Etymologischen Wörterbuch*" finden, wie beispielsweise in dem von Friedrich Kluge (bearbeitet von Elmar Seebold) oder in einem kleineren in der Duden-Reihe, wo es „*Herkunftswörterbuch*" heißt. Und wenn Sie den Rucola in allen Variationen schmecken wollen, dann fahren Sie auf die Insel Ischia im Golf von Neapel: Dort gibt es nicht nur einen Rucola-Likör, sondern selbst die Mini-Taxis heißen *Rucolino* (und dies wohl nicht, weil sie manchmal ein wenig ,ruckeln').

Internationalismen

Manche Linguisten haben den Begriff ,*Fremdwort*' (zu Recht) kritisiert und einen anderen Begriff vorgeschlagen, den des *Internationalismus*. Dieser weist in einer nicht mehr negativ konnotierten Weise schlicht darauf hin, dass es vielfältige sprachliche Verflechtungen und Bezüge, sprachlichen Austausch, gerade auch innerhalb der europäischen Sprachen gibt.

Fritz Hermanns fasste Anfang der 90-er Jahre (Sprachreport 1/91) den Nutzen von Internationalismen in drei Punkten zusammen:

„Internationalismen erleichtern die Kommunikation zwischen Menschen verschiedener Muttersprachen; Internationalismen erleichtern uns das Lernen anderer Sprachen; Internationalis-

men zeigen uns, wie eng die europäischen Sprachen und Kulturen verwandt sind, historisch und aktuell, und wie eng wir also auch in unserem Denken verwandt sind.“

Schauen wir uns ein Beispiel an: „Die Wörter dt. *Zivilisation,* engl. *civilization,* russ. *ziwilisaziaj* bilden zusammengenommen einen Internationalismus“ (B. Schaeder). Ein Wort kommt also, jeweils lautlich und morphologisch an die Struktur der jeweiligen Sprache angepasst, in mehreren (mindestens in drei) Sprachen vor und weil sich die Wörter trotz dieser Anpassung immer noch recht ähnlich sind, können wir den Internationalismus, wie wir ihn aus unserer eigenen Sprache kennen, auch in anderen Sprachen relativ leicht erkennen und verstehen.

Aber nicht immer sind es Internationalismen, wenn uns ein Wort in einer anderen Sprache plötzlich vertraut vorkommt, manchmal sind es auch ‚falsche Freunde'. So ist das deutsche Wort *Dom* wohl aus lat. *domus* (‚*Haus*') entlehnt, dann aber auf die heute übliche Bedeutung ‚verengt' worden (vielleicht im Sinne von ‚Haus des Herrn'?). Dann wundere ich mich bei dem in Polen vorherrschenden Katholizismus gar nicht mehr, dass ich hier immer wieder auf das Wort *dom* stoße. Aber so viele Dome gibt es dann auch wieder nicht. Hier heißt *dom* tatsächlich einfach ‚*Haus*' und so ist der „*Dom des Kopernikus*'“ in Torún (Thorn) nichts anderes als sein (ehemaliges) Haus und heute ein Museum – und *Museum* dürfte wohl auch ein Internationalismus sein.

‚Phraseologismen' und Idiomatik

Mit noch einem anderen *–ismus* wollen wir uns kurz beschäftigen, nicht zuletzt deshalb, weil er für Lerner des Deutschen als Fremdsprache einer der problematischsten Bereiche des deutschen Wortschatzes zu sein scheint, mit den sog. Phraseologismen oder festen Wendungen. Vielleicht erinnern Sie sich noch an die *idioms* aus dem Englisch-Unterricht, was wir als *idiomatische Wendungen* übersetzen könnten. Zur Erforschung der Phraseologismen hat tatsächlich in besonderem Maße die Auslandsgermanistik beigetragen.

Die Idiomatik, so heißt es im Vorwort einer Einführung in die „*Phraseologie*" von Christine Palm, sei „*die hohe Schule der Sprachfertigkeit*" und diese ‚hohe Schule' ist verständlicherweise für Lerner des Deutschen als Fremdsprache eine besondere Hürde. - Sie ahnen schon, was an diesen festen Wendungen oder Fügungen so schwierig sein könnte: Wörter lassen sich zu den verschiedensten Sätzen verbinden, ganz wie es den Ausdrucksbedürfnissen der Sprecher entspricht, immer wieder neu und jedes Mal anders. Wörter können jedoch auch Teile fester Wortgruppen sein, die insgesamt eine Bedeutung haben, und deren Bedeutung sich nicht aus den Einzelbedeutungen der Wörter, die diese Wortgruppe bilden, ableiten oder erschließen lässt. Solche Wortgruppen oder feststehenden Wendungen sind die *Phraseologismen.*

Sie sind allein schon deshalb ein großes Problem für den Fremdsprachenlerner, weil er sich oft nicht sicher ist, ob er in einem gegebenen Text die Wörter einzeln übersetzen kann, oder ob es sich um eine feste Wortverbindung handelt, die er als solche wie eine Vokabel lernen muss.

Eine zweite Schwierigkeit kommt hinzu, selbst wenn man den Phraseologismus als feste Wendung richtig erkannt hat: Wie soll man diese Wendung in eine andere Sprache übersetzen, die zwar auch über Phraseologismen verfügt, aber (leider) über andere, die oft den Phraseologismen des Deutschen nicht entsprechen? Schauen wir uns ein paar Beispiele an: Was ist *ein rotes Tuch*? Hat das wirklich etwas mit Stierkampf, mit dem roten Tuch der Toreros zu tun? Vielleicht in seiner Entstehung, aber tatsächlich bedeutet es lediglich eine (beliebige) Irritation, die mich leicht *zur Weißglut bringen* kann, etwas, worauf ich *allergisch reagiere* (gleich noch ein paar feste Wendungen). Warum sind Ausreden manchmal ‚faul' (*faule Ausreden*) und wer ist *der lachende Dritte?*

Wir können solche Fragen, wenn sie auf die Bedeutung der Einzellexeme zielen, nicht beantworten, weil die Einzelwörter in der festen Wendung ihre Einzelbedeutung verloren haben. Es mag zwar neben den faulen Ausreden auch gute Ausreden geben, aber in der festen Verbindung selbst kann ich nicht einfach *faul* durch *fleißig* ersetzen oder *Ausreden* durch *Aussagen.* Ebensowenig kann ich beim *roten Tuch* die Farbe wechseln oder *Tuch* durch *Laken* ersetzen, wie es etwa bei *Betttuch* und *Bettlaken* möglich wäre. Wir können zwar durchaus ein bisschen spielen mit unseren Phraseologismen und anstatt *ein Auge zuzudrücken,* vielleicht auch einmal *beide Augen zudrücken*, aber beliebig verändern können wir sie nicht.

Sprichwörter

Im weiteren Sinn werden zu den Phraseologismen auch Sprichwörter (und Antisprichwörter) sowie die ‚Geflügelten Worte' gerechnet. Während die meisten Sprichwörter als feste Satzkonstruktionen mit lehrhaftem Inhalt in der Blütezeit des Sprichwortes, im 15. – 16. Jahrhundert entstanden sind, finden wir heute relativ selten neu gebildete Sprichwörter, während viele der alten Sprichwörter für uns heute oft nicht mehr ‚durchschaubar' sind.

Warum sollte man beispielsweise keine *Eulen nach Athen tragen*? Weil es dort seinerzeit offenbar schon genug Eulen gab. Und seltsamerweise bedeutete dieses Sprichwort einmal das Gleiche wie *jemandem Läuse in den Pelz setzen,* denn davon gab es im Mittelalter nämlich in jedem Pelz ebenso genug wie es Eulen in Athen gab. Dass man jedoch auch mit Sprichwörtern sprachspielerisch umgehen kann, zeigen die sog. Antisprichwörter: *Wer A sagt, muss auch B-zahlen.*

Die *Geflügelten Worte* (auch eine feste Wortverbindung) sind demgegenüber eine Art Zitat, dessen Urheber historisch nachweisbar ist. Oft handelt es sich dabei um Zitate aus der Literatur, die einen fast sprichwörtlichen Charakter annehmen, wie z.B. *Die Axt im Hause erspart den Zimmermann,* was aber tatsächlich ein Geflügeltes Wort ist, ebenso wie *Durch diese hohle Gasse muss er kommen:* Beides stammt aus ‚Wilhelm Tell'. Selbst Titel von Büchern oder Filmen (*Im Westen nichts Neues)* und auch Schlagwörter oder markante Aussprüche können zu Geflügelten Worten werden (*Ich bin ein Berliner* oder auch fremdsprachig: *I have a dream*). Oder auch: *Wer zu spät kommt, den bestraft das Leben* (M. Gorbatschow).

Abkürzungen und Kurzwörter

Während die festen Wortverbindungen Kombinationen von Einzelwörtern sind, gibt es auch den umgekehrten Weg, den der Reduktion eines vielleicht etwas zu lang geratenen Wortes zu einer Abkürzung. Manche Sprachkritiker haben uns hier schon seit längerem eine neue *Aküspra* prophezeit.

Sind *Abkürzungen* Wörter oder können sie zu Wörtern werden? Vielleicht sollte man mit ein wenig Vorsicht sagen, dass sie wie Wörter verwendet werden, aber eigentlich doch auf die ‚vollen' Wörter verweisen, die aber zu lang, zu schwierig oder zu umständlich erscheinen, als dass man sie immer wieder in voller Länge aussprechen möchte. Vielleicht erscheint es auch unökonomisch, solche allzu lang geratenen, gleichwohl häufig verwendeten Ausdrücke benutzen zu müssen: So wird dann aus der *Arbeitsgemeinschaft der Rundfunkanstalten der Länder Deutschlands* kurz und bündig die *ARD* und aus dem *Zweiten Deutschen Fernsehen* das *ZDF.* Auch wenn die Anfangsbuchstaben hier einzeln gelesen werden (Z – D – F), sind sie weitaus ökonomischer zu sprechen als der volle Begriff, der hier sogar noch aus mehreren Wörtern besteht.

Eine andere Abkürzungsmöglichkeit wäre die Kürzung zu einem lesbaren *Kurzwort.* So trifft sich die alternative Kulturszene in Koblenz in der ‚*Kulturfabrik*', einem ausgebauten ehemaligen Fabrikgebäude, das aber für die Koblenzer Jugend längst zur *Kufa* geworden ist, ebenso wie kein Student eine Förderung nach dem *Bundesausbildungsförderungsgesetz* bezieht, sondern schlicht *BaFöG (*oder *Bafög).* Werden durch die Großbuchstaben innerhalb der Abkürzung noch die Großbuchstaben der substantivischen Bestandteile des abgekürzten Worts ‚nachempfunden', so wird die Abkürzung tendenziell zu einem Wort, je mehr sie zur Kleinschreibung tendiert, denn innerhalb von Wörtern gibt es nach den Regeln der deutschen Rechtschreibung keine Großbuchstaben. Tatsächlich findet man aber auch entgegengesetzte Tendenzen in Schreibungen wie *InterCity,* was zwar ‚falsch' ist, wo die Schreibung aber doch die beiden Bestandteile des zusammengesetzten Wortes und damit die Bedeutung der Abkürzung *IC* verdeutlicht.

Auch unsere Bundesländer - und gerade die aus zwei Ländern gebildeten - sind zwar nicht zu groß, aber sprachlich doch ein wenig zu lang. Dann wird aus Nordrhein-Westfalen *NRW,* was man auch so ausspricht, während wohl kaum jemand das abgekürzte Rheinland-Pfalz (*RP*) in der Abkürzungsform ausspricht, zumal diese mehrdeutig ist und z.B. auch für ‚Regierungspräsidium' verwendet wird.

Lektüreempfehlungen

Zu allen wortbezogenen Fragen kann man zunächst wiederum die bekannten Grammatiken des Deutschen heranziehen, wie z.B.:

Eisenberg, Peter u. **Fuhrhop,** Nanna: *Grundriss der deutschen Grammatik. Bd. 1: Das Wort*: Stuttgart: J.B. Metzler, 6. Aufl. 2013.

Zur Versachlichung der Fremdwortdiskussion leistet einen wesentlichen Beitrag:

Eisenberg, Peter: *Das Fremdwort im Deutschen.* Berlin/ New York: de Gruyter 2011.

Zu den Prinzipien, nach denen Wörterbücher konzipiert und verfasst werden, äußerst differenziert:

Haß-Zumkehr, Ulrike: *Deutsche Wörterbücher. Brennpunkte von Sprach- und Kulturgeschichte*. Berlin/ New York: de Gruyter 2001 (bes. auch Kap. 17: "Wie viele Wörter hat das Deutsche?").

Haß, Ulrike/ **Storjohann**, Petra (Hrsg.): *Handbuch Wort und Wortschatz.* Berlin: de Gruyter Mouton 2015.

Zur ‚Phraseologie' einführend:

Burger, Harald: *Phraseologie. Eine Einführung am Beispiel des Deutschen.* 5., neu bearbeitete Auflage. Berlin: Erich Schmidt Verlag 2015.

Und schließlich zur Idiomatik und zu den Sprichwörtern die beiden Standardwerke:

Schemann, Hans: *Deutsche Idiomatik. Wörterbuch der deutschen Redewendungen im Kontext*. Berlin: de Gruyter, 2., aktualisierte Auflage 2011.

Röhrich, Lutz: *Das große Lexikon der sprichwörtlichen Redensarten. 3 Bde.* Freiburg: Herder, 4. Aufl. 2012.

4 Deutsche Rechtschreibung

Angesichts der vielfältigen Probleme beim *Schriftspracherwerb* und der Schwierigkeiten, die heute selbst Erwachsene haben, wenn sie im Schreiben ungeübt sind, umfangreichere schriftliche Texte zu verfassen bzw. sprachlich angemessen zu gestalten, erscheint die Beherrschung der Orthographie des Deutschen fast wie eine Nebensächlichkeit. Schließlich sollte es dort doch feste Regeln geben, an die man sich nur zu halten braucht, um einen orthographisch fehlerfreien Text zu produzieren. So könnte man sich die Welt des fehlerfreien Schreibens ein wenig naiv vorstellen.

Individuelle Rechtschreibprobleme

Tatsächlich haben jedoch zahlreiche Erwachsene sowie Schüler und Schülerinnen aller Klassenstufen z.T. erhebliche Rechtschreibschwächen. Im Einzelfall sind diese Schwächen so groß, dass man eine *Lese-Rechtschreibschwäche (LRS)* diagnostiziert und ggf. spezifische Fördermaßnahmen einleitet oder eine spezifische ‚Behandlung' empfiehlt, wenn man von einer regelrechten *Legasthenie* ausgeht.

Der Begriff ‚*Rechtschreibschwäche*' bezieht sich nicht auf eine unspezifische Abweichung vom allgemeinen Leistungsdurchschnitt bei den Rechtschreibleistungen einer bestimmten Alters- oder Lerngruppe, sondern auf Schwächen in spezifischen Teilfertigkeiten, die für das Rechtschreiblernen Voraussetzung sind: auditive Wahrnehmung (z.B. Hören von Lautunterschieden), visuelle und rhythmische Wahrnehmung (z.B. Silbenerkennung), Sprechmotorik und Wortschatz (Verfügbarkeit von ‚Wortbildern').

Der Begriff ‚*Legasthenie*' geht dagegen auf P. Ranschburg zurück, der diesen Begriff schon 1928 für eine „*nachhaltige Rückständigkeit höheren Grades in der geistigen Entwicklung des Kindes*" verwendete. Seit den 50-er Jahren versteht man unter ‚Legasthenie' jedoch eine spezielle Schwäche im Erlernen des Lesens, die im Vergleich mit ansonsten relativ guten Intelligenzleistungen besonders auffällig ist.

Insgesamt sind die Rechtschreibleistungen unserer Schüler gegenüber früheren Zeiten wohl nicht wirklich schlechter geworden, zumal der heute zu bewältigende Wortschatz um ein Vielfaches größer ist als etwa im 19. Jahrhundert. Wenn die im Zusammenhang mit der Frage nach dem Wortschatzumfang erwähnte 9-jährige Teresa bereits über einen Wortschatz von über 3000 Wörtern verfügte, kann man annehmen, dass sie einen Großteil dieser Wörter auch fehlerfrei schreiben kann, und 3000 Wörter rechtschreibsicher zu beherrschen, wäre wohl schon eine überdurchschnittliche Leistung.

Natürlich wird sich in umfangreicheren Texten stets eine Reihe von Rechtschreibfehlern finden lassen. Diese werden in der Regel zunehmen, wenn wir unter dem Druck stehen, fehlerfrei schreiben zu *müssen*. Spickt man ein Diktat zudem noch mit einer Fülle von Rechtschreibschwierigkeiten, so wird letzten Endes niemand in der Lage sein, hundertprozentig fehlerfrei zu schreiben. Daher kann man durchaus sagen, jemand beherrsche die deutsche Rechtschreibung, wenn er vielleicht 90% aller von ihm verwendeten Wörter richtig schreibt (d.h. wenn er bei jeweils 100 Wörtern nicht mehr als 10 Fehler macht).

Immer wieder überraschend ist es für mich allerdings, dass erwachsene Lerner des Deutschen als Fremdsprache offenbar relativ wenig Probleme mit dem Erlernen der deutschen Rechtschreibung zu haben scheinen, wenn die Alphabetisierung in ihrer Muttersprache bereits abgeschlossen ist. Eine mögliche Erklärung für dieses Phänomen wäre, dass sie, anders als die muttersprachlichen Kinder, Laut und Schrift gleichzeitig und bewusster erlernen, die Zuordnung von Schriftzeichen zu Lauten also kein nachträglicher Akt ist (zumindest dann nicht, wenn man fremdsprachendidaktisch nicht rein kommunikationsorientiert zunächst nur auf den Erwerb von Gesprächsfähigkeit abzielt).

Auch wenn wir an der Fehlerfreiheit (als Ideal oder normatives Postulat) durchaus festhalten sollten, fallen uns in der Praxis, selbst aus der quasi-professionellen Perspektive eines Korrektors, nicht alle Fehler auf. Achten Sie einmal bewusst auf Rechtschreibfehler in Ihrer Tageszeitung. Sie werden überrascht sein, wie viele Fehler Sie finden, die Sie sonst einfach überlesen haben.

Wir wollen in diesem Kapitel allerdings weniger rechtschreib*didaktisch* argumentieren, die Rechtschreibung also nicht unter dem Aspekt betrachten, wie man welches Rechtschreibphänomen mit welcher Methode am besten zu bewältigen lernen kann, sondern uns mehr mit dem ‚System' der deutschen Orthographie beschäftigen. Aber auch unter systematischen Aspekten wird man auf Bereiche der Rechtschreibung stoßen, in denen die Regelungen immer noch nicht besonders klar und teilweise immer noch widersprüchlich erscheinen.

Amtliche Regelung

In den Jahren 1986-1995 wurde eine Neuregelung der deutschen Rechtschreibung in Angriff genommen. Nach teilweise heftigen Diskussionen in der Öffentlichkeit trat diese als „*Amtliche Regelung der deutschen Rechtschreibung*" mit einem Regel- und einem Wörterverzeichnis nach einer Übergangszeit am 1. August 2006 endgültig in Kraft. Eine ausdrückliche Zielsetzung der Neuregelung war es, im Sinne einer behutsamen Vereinfachung der Rechtschreibung Inkonsequenzen und Ausnahmen zu beseitigen, den Geltungsbereich der Grundregeln und Prinzipien auszuweiten und damit insgesamt die Systematik zu verbessern. Die deutsche Rechtschreibung sollte also insgesamt einfacher und damit letztlich leichter erlernbar werden, ohne dass jedoch mit der Tradition der deutschen Schriftsprache gebrochen werden sollte.

Ein überarbeitetes Regelwerk liegt jetzt vor in der aktuellen Fassung von 2006 mit Aktualisierungen von 2011. Unter Berücksichtigung dieser Aktualisierungen erschien 2013 die 26. Auflage des DUDEN-Rechtschreibwörterbuchs.

Ob mit der ‚Neuregelung' nun wirklich das Ziel der ‚Vereinfachung' erreicht worden ist, ob die deutsche Rechtschreibung also tatsächlich ‚einfacher' und damit leichter erlernbar geworden ist, ist trotz deutlicher Verbesserungen wohl immer noch fraglich, zumal die ursprüngliche Idee einiger Mitglieder der Reformkommission, im Zuge einer solchen Neuregelung auch eine „gemäßigte Kleinschreibung" einzuführen, für viele wohl einen Bruch mit der Tradition bedeutet hätte und somit auch weiterhin nicht zur Diskussion steht. Sie erwies sich auch politisch als nicht durchsetzbar, so dass wir auch nach der Neuregelung im Deutschen weiterhin über die Groß-Klein-Schreibung (mit all ihren Problemen und, wie mir scheint, neuen Inkonsequenzen) als ein Spezifikum der deutschen Rechtschreibung verfügen.

Eine „amtliche" Regelung der Rechtschreibung ist immer auch eine spezifische Art von ‚Sprachregelung', die allerdings nur einen kleinen Teilbereich der Sprache betrifft, der für die Sprache insgesamt als eher sekundär gelten kann. In anderen, weniger ‚oberflächlichen' Teilbereichen der Sprache kann es grundsätzlich keine verbindlichen (amtlichen) Regelungen geben, die den Sprechern einer Sprache vorschreiben könnten, wie sie sprechen und schreiben sollen. Für den engen Bereich der Rechtschreibung ist dies allerdings durchaus sinnvoll, auch wenn eine *Normierungsgeschichte* der deutschen Rechtschreibung tatsächlich erst seit Ende des 19. Jahrhunderts geschrieben werden kann.

Aber selbst solche eher oberflächlich erscheinenden Normierungen wie die der Rechtschreibung kann der Staat letztlich nur für diejenigen Institutionen ‚durchsetzen', die mehr oder weniger staatlich kontrolliert werden, also für Schulen und Behörden. Auch Druckereien und Verlage und wohl auch die meisten Privatpersonen nehmen die ‚amtlichen' Regeln dennoch durchaus ernst, obwohl ‚im Prinzip' jeder so schreiben könnte, wie er will. Dennoch wird dies kaum jemand tun, zumal wohl nicht nur der Wunsch nach Einheitlichkeit groß ist, sondern ebenso die Sorge, man könne etwas ‚falsch' machen und andere Sprecher und Schreiber könnten daraus falsche Schlüsse ziehen.

Tatsächlich haben sich, wie mir scheint, zahlreiche ältere Menschen durchaus Sorgen gemacht, sie könnten sich die neuen Regeln nicht mehr aneignen und müssten nun fehlerhaft schreiben, d.h. nach den alten (nicht mehr gültigen) Regeln. Zum Trost sei hier gesagt: Sie können natürlich, wenn sie wollen, durchaus weiterhin so schreiben, wie sie es gewohnt sind. Der Wohngeldantrag wird auch dann bearbeitet, wenn man die Konjunktion *dass,* die man früher mit *ß* geschrieben hat, weiterhin mit *ß* schreibt. Im Übrigen braucht man tatsächlich relativ solide grammatische Kenntnisse, um überhaupt entscheiden zu können, ob es sich um die Konjunktion *dass* handelt, die mit Doppel-*s* geschrieben wird, oder um den Artikel bzw. um das Relativpronomen, das wir wie bisher natürlich mit *s* schreiben: *das.*

Wenn man jedoch all diese Regeln nicht kennt oder wenn man sich bewusst nicht daran halten möchte, sollte einem daraus im *Privatleben* eigentlich kein Nachteil entstehen, außer dass man fälschlicherweise für dumm gehalten wird, wo man doch nur von seiner sprachlichen Freiheit Gebrauch zu machen versucht.

Demgegenüber könnte es sich allerdings sehr schnell nachteilig auswirken, wenn man sich mit einem fehlerhaften Bewerbungsschreiben um eine Stelle bewerben möchte. Dann könnte es durchaus passieren, dass man die Stelle tatsächlich aufgrund der vielen Rechtschreibfehler nicht bekommt, und dies selbst dann, wenn man in dem angestrebten Job vielleicht kaum schreiben muss. Ihr zukünftiger Arbeitgeber könnte nämlich fälschlicherweise der Meinung sein, wer Rechtschreibfehler mache, sei wohl auch sonst nicht besonders intelligent oder zuverlässig. Deshalb lassen wir unsere Bewerbungsschreiben natürlich von einem Rechtschreibexperten korrigieren, bevor wir sie abschicken. Aber selbst der Experte kann, wie gesagt, durchaus den einen oder anderen Fehler übersehen…

Konrad Duden

Der Vorname *Konrad* weist darauf hin, dass ‚der DUDEN' nicht nur eine ‚Institution' für die deutsche Rechtschreibung ist, sondern dass es sich um den Familiennamen eines Mannes handelt, der die Normierung der deutschen Rechtschreibung maßgeblich vorangetrieben hat und der führende Kopf der zweiten Orthographischen Konferenz war, die Anfang des 20. Jahrhunderts (1901) in Berlin stattgefunden hat. Das auf der 2. Orthographischen Konferenz beschlossene Regelwerk wurde 1902 in Deutschland in Form einer Rechtsverordnung amtlich. Die Schweiz und Österreich schlossen sich dieser ersten staatlichen Normierung der deutschen Rechtschreibung am Anfang des 20. Jahrhunderts an.

Die Familie ‚Duden' gibt es heute noch und zur Verleihung des Konrad-Duden Preises, der alle zwei Jahre im Anschluss an die Jahrestagung des Instituts für Deutsche Sprache vom Oberbürgermeister der Stadt Mannheim an einen herausragenden in- oder ausländischen Germanisten verliehen wird, sind stets auch Mitglieder der Duden-Familie eingeladen, deren jeweils ältester Sohn – so sagte man mir – möglichst den Namen *Konrad* tragen soll. Auf diese Weise hatte einer meiner Söhne auf einem Heidelberger Gymnasium das Privileg, eine Zeit lang neben Konrad Duden persönlich zu sitzen – und das nicht nur im Deutschunterricht.

Heute ist die DUDEN-Redaktion eine Redaktion im Bibliographischen Institut (früher in Mannheim, heute in Berlin), das zusammen mit der F.A. Brockhaus AG einen gemeinsamen Verlag bildet. „Der Duden" ist inzwischen jedoch längst nicht mehr auf „*Die deutsche Rechtschreibung*" beschränkt, diese stellt lediglich den ersten Band einer zwölfbändigen Duden-Reihe dar, die beispielsweise auch ein „*Stilwörterbuch*", ein „*Herkunftswörterbuch*“, ein „*Fremdwörterbuch*“ und ein „*Synonymwörterbuch*“ umfasst.

Kontinuierliche Fortschreibung

Seit der erwähnten 2. Orthographischen Konferenz Anfang des 20. Jahrhunderts sind aufgrund eines sich verändernden Schreibgebrauchs der Deutschen von der DUDEN-Redaktion immer wieder Änderungen in den Rechtschreibregeln durchgeführt worden. Wenn beispielsweise eine Tendenz erkennbar war, die Bestandteile einer relativ festen Fügung zunehmend klein und schließlich auch zusammen zu schreiben, wurde diese Tendenz in den Regeln der deutschen Rechtschreibung durch die DUDEN-Redaktion gewissermaßen nachvollzogen und kodifiziert.

So schrieben wir vor der Neuregelung der deutschen Rechtschreibung die Fügung *sich im klaren sein* im Ganzen klein (siehe z.B. ‚*Deutsche Rechtschreibung*‘ von Lutz Mackensen, Stichwort ‚*klar*‘). Im Sinne der Neuregelung finden wir jedoch bereits in der 21. Auflage der DUDEN-Rechtschreibung bis schließlich zur 26. Auflage 2013: *ich bin mir längst darüber im Klaren,* also Großschreibung. Warum? Weil die Neuregelung die Großschreibungsregel für Substantive prinzipiell auf alle Substantivierungen überträgt und in der genannten Fügung eine Substantivierung des Adjektivs *klar (‚das Klare‘)* vorliegt. Damit wird jedoch ein moderner Schreibgebrauch, der sich mit der Kleinschreibung durchaus bereits etabliert hatte, auf einen historisch früheren Zeitpunkt der Großschreibung zurückgesetzt, so dass die Neuregelung zumindest in diesem Punkt eher konservativ als innovativ erscheint.

Man wird in den Schulen heute allerdings feststellen, dass den Schülern (und immer mehr auch den Germanistik-Studierenden) kaum mehr bewusst ist, dass es sich bei der derzeit gültigen „amtlichen Regelung der deutschen Rechtschreibung“ um eine „Neuregelung“ handelt, genauer, um die erste umfassende (amtliche) Neuregelung seit der 2. Orthographischen

Konferenz, die seinerzeit, d.h. vor mehr als hundert Jahren, unter maßgeblichem Einfluss von Konrad Duden in Berlin stattgefunden hatte.

Für alle deutschsprachigen Länder

So wie sich schon damals auch die deutschsprachige Schweiz und Österreich der ersten amtlichen Regelung angeschlossen hatten, wurde auch bei der aktuellen ‚Neuregelung' von Anfang an Wert darauf gelegt, eine *gemeinsame Regelung* für alle deutschsprachigen Länder (Deutschland, Österreich, Schweiz) durchzuführen, und auch die europäischen Länder mit deutschsprachigen Minderheiten, wie Luxemburg, Belgien, Dänemark, Italien/Südtirol, Liechtenstein, Rumänien und Ungarn in die Beratungen einzubeziehen.

Im Jahre 1985 hatte man dabei vermutlich nicht zuletzt an die damalige DDR gedacht, denn es wäre sicherlich politisch unerwünscht gewesen, wenn eine Neuregelung im Ergebnis zu zwei unterschiedlichen deutschen Rechtschreibungen geführt hätte, eine deutsche Rechtschreibung-WEST und eine deutsche Rechtschreibung-OST. Ein paar Jahre später musste man sich mit der deutschen Vereinigung darüber wohl keine Sorgen mehr machen.

Trotz aller Einheitlichkeit ist es bei einer Besonderheit auf Seiten der Schweiz geblieben. Wie auf allen nicht deutschen Schreibmaschinen-Tasturen in der Regel das *ß* fehlt, kannte auch die schweizerdeutsche Rechtschreibung kein *ß*. Ob der Wein also *in Massen* (= *in Maßen*) oder *in Massen (= in Massen*) genossen werden sollte, konnte zwar der Schweizer sicherlich genauso wie der Österreicher oder der Deutsche unterscheiden, nicht aber in der Schweizer Variante der deutschen Rechtschreibung.

Man hätte meinen können, gerade den Schweizern sei die Regelung, die bereits erwähnte Konjunktion *dass* nun mit -*ss* zu schreiben, entgegengekommen. Dabei übersieht man aber, wie in der öffentlichen Diskussion tatsächlich geschehen, dass die Neuregelung ja keineswegs den Buchstaben *ß* abgeschafft hat, obwohl das *ß* gewissermaßen nur halb existiert: Es gab nämlich keinen entsprechenden Großbuchstaben, so dass wir hier tatsächlich auf *SS* (*der Großbuchstabe*, DIE GROSS-BUCHSTABEN) ausweichen mussten. Seit 2017 existiert nun auch ein *ß* in Großschreibung.

Nun: Die Schweiz ist beim *ss,* groß wie klein, geblieben, man wollte die Tastaturen wohl nicht landesweit austauschen und so darf oder muss man weiterhin ‚unsere' *Straße* in der Schweiz mit Doppel-*s,* also *Strasse,* schreiben. So wie man die französischsprachigen Schweizer daran erkennen konnte, dass sie auf „70" nicht wie die Franzosen mit „*soixante-dix*" (60+10) zählen, sondern mit „*septante*" (wie die Wallonen in Belgien übrigens auch), kann man die Deutsch *schreibenden* Schweizer nunmehr weiterhin daran erkennen, dass sie kein *ß* verwenden.

Noch länger als die Arbeit des zwischenstaatlichen Wissenschaftler-Gremiums, die Mitte der achtziger Jahre begonnen hatte und im November 1994 mit den „3. Wiener Gesprächen zur Neuregelung der deutschen Rechtschreibung" abgeschlossen wurde, dauerte der politische Prozess der Umsetzung des Neuregelungsvorschlags. Dieser kam erst 1998 mit der endgültigen Verabschiedung einer neuen amtlichen Regelung zum vorläufigen Abschluss. Nunmehr liegt, wie gesagt, bereits seit 2006 eine überarbeitete Fassung des Regelwerks von 2004 (mit Aktualisierungen von 2011) vor, die beide als download auf der Homepage des Instituts für Deutsche Sprache (www.ids-mannheim.de) verfügbar sind.

Vom Laut zum Buchstaben

Das Grundproblem der Rechtschreibung besteht in jeder Sprache, welche die Laute mit einer Buchstabenschrift wiederzugeben versucht, darin, den Lauten der gesprochenen Sprache die Schriftzeichen der geschriebenen Sprache möglichst eindeutig zuzuordnen, die Laute also gewissermaßen ‚abzubilden' bzw.

schriftsprachlich zu ‚repräsentieren'. Die als ‚primär' verstandene gesprochene Sprache muss also im sekundären System der Schrift repräsentiert werden, um sie in einer dauerhaften Form gewissermaßen ‚aufbewahren' und damit schließlich tradieren, von Generation zu Generation weitergeben zu können.

Die Zuordnung von Laut und Buchstabe kann und muss in verschiedenen Sprachen natürlich auf unterschiedliche Weise erfolgen, so dass das System der Rechtschreibung letztlich für jede Sprache separat betrachtet werden muss. Denn auch wenn etwas auf der Ebene der Lautung in verschiedenen Sprachen gleich oder ähnlich ‚klingt', kann es dort durchaus unterschiedlich geschrieben werden, wenn die jeweiligen Schrift*systeme* eine andere Zuordnung von Lauten und Buchstaben vorsehen. Mit dem Erlernen einer Fremdsprache im mündlichen wie im schriftsprachlichen Gebrauch müssen wir demnach auch das jeweilige Schriftsystem der betreffenden Sprache und die spezifischen Zuordnungen von Lauten zu Schriftzeichen (Buchstaben und Buchstabengruppen) erlernen.

Manche Schriftsysteme arbeiten sogar mit ganz anderen Buchstaben bzw. mit einem anderen Alphabet, wie etwa das Griechische, manchmal werden selbst im lateinischen Alphabet Laute durch andere Buchstabenkombinationen. So wird etwa das deutsche *sch* im Polnischen durch *sz* wiedergegeben und unser *tz/ts* durch ein einfaches *c.* Mit diesem minimalen Wissen können Sie unser deutsches Wort *Schnitzel* schon auf Polnisch schreiben (es wird gleich ausgesprochen): *sznicel.* Und wollte man das Wort *Deutschland* nach den polnischen Zuordnungsregeln für Laute und Buchstaben schreiben, müsste man es wohl so schreiben: *Dojczland* (So lautet der Titel eines kleinen Büchleins von Andrzej Stasiuk, das 2008 auf Deutsch erschien; aber auf Polnisch heißt *Deutschland* natürlich korrekt *Niemcy*).

Ganz fremd erscheint es uns nicht, dass der [*oi*]-Laut auch *oi/oj* geschrieben werden kann, denn auch im Deutschen kennen wir durchaus unterschiedliche Schreibungen für den Diphtong *[oi]*: *H**eu**te treten drei Br**äu**te vor den Traualtar, **toi**, toi, toi!* Und zumindest in Fremdwortschreibungen kommt auch noch ein *oy* (wie in *Liftboy*) vor.

Missverhältnis Laute – Buchstaben

Ein weiteres grundsätzliches Problem der (deutschen) Rechtschreibung besteht darin, dass es ein Missverhältnis zwischen *Phonemen* (bedeutungsunterscheidenden Lauten) und *Graphemen* (Schriftzeichen/ Buchstaben) gibt: Für die schriftsprachliche Repräsentation der rund 40 Phoneme des Deutschen stehen nur 30 Buchstaben zur Verfügung. Außerdem geben einige Buchstaben verschiedene Phoneme wieder. So gibt z.B. der Buchstabe *c* die Phoneme */ts/* und */k/* wieder, *v* kann für */f/* oder */w/* stehen (*Vater – Volumen*).

Der Grund für ein solches Missverhältnis liegt u.a. darin, dass das aus dem Lateinischen übernommene Alphabet für die schriftliche Wiedergabe der Laute des Deutschen nicht ausreicht. Andererseits erscheinen manche Buchstaben regelrecht überflüssig, weil sie auch durch andere Buchstaben(kombinationen) wiedergegeben werden könnten: Anstelle von *qu* könnte man *kw* schreiben (*Quiz – *Kwiz*), was im Polnischen durchaus üblich ist, wo unser Quiz tatsächlich *kwiz* geschrieben wird. Anstelle von *x* könnte man *ks* schreiben, wie man es ja auch in *Knicks* tut. Und könnte man nicht umgekehrt den *Och*sen mit *x* schreiben, wie es die Engländer tun *(ox)*? Und mit dem polnisch *sznicel* ist es genauso. Warum schreiben wir den Familiennamen *Schul(t)z* nicht wie im Polnischen, also: *Szulc*?

Schließlich werden in der neuhochdeutschen *Schrift* Lang- und Kurzvokale nicht mehr unterschieden, so dass wir für 15 Vokalphoneme (mit Länge und Kürze) nur 8 Vokalgrapheme besitzen. Im Mittelhochdeutschen wurde noch ein Circonflex für die Langvokale verwendet (mhd. *rôt*), alle anderen Vokale waren dementsprechend Kurzvokale. Wir müssen heute die Unterscheidung von Länge und Kürze anders darstellen, z.B. die Kürze eines Vokals durch die Verdopplung des nachfolgenden Konsonanten (*bitten*) anzeigen oder die Länge eines Vokals durch besondere Längezeichen, wie das *e* in *bieten* (während *ie* im Mittelhochdeutschen noch ein Diphtong war) oder das *h* in *Hahn.* Andererseits wird bei den Langvokalen in über 60% der Fälle die Länge überhaupt nicht markiert, wie z.B.

in *Fuß*, während die Kürze des Vokals *u* in *Fluss* durch die Verdopplung des nachfolgenden Konsonanten *s* markiert wird.

Manchmal sind wir nicht nur unsicher, wie man etwas schreibt, sondern tatsächlich auch umgekehrt, wie man ein geschrieben vorliegendes Wort (besonders aus anderen Sprachen) ausspricht. Wir finden Laute oder Lautkombinationen (und entsprechende schriftsprachliche Repräsentationen), die es im Deutschen nicht gibt, wie etwa das spanische [*(l)j*], das in der Schreibung durch *ll* wiedergegeben wird (*Sevilla, Mallorca, Manzanilla*), wobei die spanischen Muttersprachler uns gelegentlich widersprüchliche Auskünfte gegeben haben, ob es nun [*sevilja*] oder [*sevi:ja*] heißt, während wir bei ‚Mallorca' ganz sicher sind, dass es wohl niemals [*maljorca*] ausgesprochen werden sollte, auch wenn manche deutschsprachigen Dauerurlauber meinen, von *Malle* reden zu müssen. Die polnische Schreibung macht es uns einfach: Dort schreibt sich *Mallorca* tatsächlich *Majorka*, wie ich es zumindest in einem polnischen Reisebüro gesehen habe. Wieder anders ist es bei [*nj*], das in drei verschiedenen romanischen Sprachen zwar gleich gesprochen, jedoch anders geschrieben wird: Schreiben wir im Französischen *Allema**gne**,* heißt es im Spanischen *Alema**nia*** und im Portugiesischen *Alema**nha***, wir finden also drei unterschiedliche graphematische Wiedergaben des gleichen Lautes [*nj*].

Werden wir in unserer Muttersprache nicht auch gelegentlich unsicher, wie man ein Wort ausspricht? Wie betonen Sie beispielsweise das Wort *Tunnel*? Sagt man im korrekten Standarddeutschen wirklich [*St*ein] und nicht [*Sch*tein]? Die Antwort des Linguisten: Man spricht das *st* [*scht*], die Aussprache mit [*st*] ist eine individuell-norddeutsche Aussprachevariante, die zwar weder besser noch schlechter ist, aber eben nicht die Standardaussprache. Wenn Sie sich in die eine oder andere Aussprache ‚verliebt' haben, dann sprechen Sie den ‚spitzen Stein' vielleicht gern als *sp - itzen St – ein* aus. Aber ich denke, Sie werden selbst mit spitzem Bleistift kaum *Sch – tein* schreiben, auch wenn Sie hier tatsächlich ein [*sch*] hören. Ebenso wenig schreibe ich *isch,* auch wenn ich es mir im Süden Deutschlands fast angewöhnt hatte, es so auszusprechen.

Einheitliche Schreibung

In der Schreibung werden (regionale) Aussprachevarianten grundsätzlich nicht berücksichtigt, der lautliche Bezugspunkt ist immer die Standardaussprache, traditionell auch ‚Bühnenhochsprache' genannt. In der Schrift gilt das Prinzip der *Einheitlichkeit*, wie wir es schon in der Zeit Karls des Großen und in den Bestrebungen der Drucker in der frühen Neuzeit vorfinden. Die ‚Schriftwerdung' von Sprache ist offensichtlich ein wesentlicher Faktor für die Herausbildung von einheitlichen Normen, nicht nur auf der Ebene der Rechtschreibung, sondern auch für die Herausbildung einer (normativen) Grammatik, die letztlich auf der Idee einer *schriftsprachlichen Norm* basiert. Die materielle Schrift scheint überhaupt erst eine reflexive Einstellung gegenüber einem nun nicht mehr ‚flüchtigen', sondern fixierbaren, manifesten *Objekt* ‚Sprache' möglich zu machen.

Trotz der historisch immer wieder nachweisbaren Tendenz zur Vereinheitlichung lässt gerade die Neuregelung der deutschen Rechtschreibung (in einer eher liberalen Grundeinstellung) eine ganze Reihe von alternativen Schreibmöglichkeiten zu, bei denen abzuwarten bleibt, welche der Alternativschreibungen von den Schreibern des Deutschen mittel- oder langfristig bevorzugt werden und sich schließlich im allgemeinen Schreibgebrauch ‚durchsetzen'. So können nach der jetzigen Regelung beispielsweise bestimmte Wortzusammensetzungen alternativ auch mit Bindestrich geschrieben werden: „Midlifecrisis, *auch* Midlife-Crisis" (Duden, Die deutsche Rechtschreibung, 1996). In der 26. Auflage von 2013 ist es genau umgekehrt: „*Midlife-Crisis, Midlifecrises…*". Jetzt wird die Schreibung mit Bindestrich als erste angeführt. und gerade auch bei den Fremdwörtern gibt es eine ganze Reihe von Alternativschreibungen (*Penthaus* verweist auf *Penthouse, Kordanzug* verweist auf *Cordanzug*).

Bevor wir uns aber einzelnen Rechtschreib*regeln* zuwenden, wollen wir uns noch auf einer etwas abstrakteren Ebene mit den beiden grundlegenden *Prinzipien* beschäftigen, die der deutschen Rechtschreibung zugrunde liegen („*od.* zu Grunde liegen“).

Prinzipien der deutschen Rechtschreibung

Die beiden Grundprinzipien der deutschen Rechtschreibung sind das *Lautprinzip* und das *Stammprinzip.* Die Linguisten sprechen von einem *phonologischen Prinzip,* das die Laut-Buchstaben-Beziehungen regelt und von einem *morphologischen* (oder auch semantischen) *Prinzip,* das die Wort-Bedeutungs-Beziehungen regelt.

Beim Lautprinzip geht man davon aus, dass *Laute* bzw. Lautklassen (Phoneme) durch *Buchstaben*klassen repräsentiert werden. So entspricht etwa dem (als Laut gesprochenen) Phonem /*m*/ in der Schrift der Buchstabe *m/M*, dem Phonem /*ks*/ entsprechen dagegen verschiedene Kombinationen von Graphemen, nämlich *ks, x, chs;* dem langen /*i:*/ würden *i, ie, ih* und *ieh* entsprechen (*gib, lieb, ihr, sieh)* usw. Beim /*i*/ gibt es dagegen keine Kennzeichnung der Länge durch Verdopplung des Vokals (**ii*), wie sie beim langen /*o*/ (*Boot, Moor, Moos*), wenn auch selten, vorkommt. Es gibt das Doppel-*e* (*See*), aber wiederum kein Doppel-*u (Mus*, aber nicht **Muus).* Selbst auf der Ebene der Prinzipien sieht es also keineswegs nach einer strengen Systematik bei der Zuordnung von Lauten und Buchstaben aus.

Ebensowenig wird beim Stammprinzip durchgängig konsequent verfahren. Beim Stammprinzip geht es darum, dass ein Wort für den Leser aufgrund einer einheitlichen Schreibung auch in seinen unterschiedlichen grammatischen Formen erkennbar bleibt. So kann er beim Lesen beispielsweise gleich erkennen kann, dass *Hände* der Plural von *Hand* ist, weil *ä* der Umlaut zu *a* ist. Wenn wir lediglich zu schreiben versuchten, was wir hören, könnten wir nach dem Lautprinzip genauso gut **Hende* schreiben.

Dass das Stammprinzip sich wie hier beim Umlaut oft gegenüber dem Lautprinzip durchsetzt, können wir am gleichen

Beispielwort noch einmal sehen. Warum schreiben wir nicht mehr wie im Mittelhochdeutschen *hant*? Dort wurde noch konsequent nach dem Lautprinzip verfahren: In *Hände* hören wir ein stimmhaftes [*d*], in [*hant*] hören wir dagegen tatsächlich ein stimmloses [*t*]. Warum sollten wir dann nicht auch ein *t* schreiben? Wir schreiben *Hand* heute deshalb mit *d,* damit der Leser leichter erkennen kann, dass es sich bei beiden Wortformen um das gleiche Wort (einmal im Singular, einmal im Plural) handelt. Hier setzt sich das Stammprinzip gegenüber dem Lautprinzip durch.

Umlautschreibung

Mit der Neuregelung der deutschen Rechtschreibung ist versucht worden, das Stammprinzip weiter zu stärken und konsequenter einzuhalten, so z.B. bei der Umlautschreibung. Aber auch dort kann es zu Doppelformen kommen, wenn nicht eindeutig zu entscheiden ist, von welchem Grundwort das Wort mit Umlaut abgeleitet sein soll: So tritt die alte Form *aufwendig* jetzt in Konkurrenz zu einer zweiten Form *aufwändig*, weil man sie einerseits von dem Verb *aufwenden*, andererseits von dem Nomen *Aufwand* ableiten könnte. Ebenso bei *Schenke,* die man unter Bezug auf *Ausschank* nun auch als *Schänke* findet. Dass man dort etwas geschenkt bekommt, haben wir ohnehin nicht geglaubt. Wie hieß es und wie heißt es, wenn man sich die Nase putzt: *schneuzen* oder *schnäuzen*? Wenn man akzeptiert, dass das Wort von *Schnauze* abgeleitet ist, heißt es nun tatsächlich *schnäuzen.* Aber auf der nächsten Seite finden wir im DUDEN von 2006 und 2013 genauso: „schneuzen *(alte Schreibung für* schnäuzen)". - Aber können wir wirklich sicher sein, dass *schnäuzen* von *Schnauze* abgeleitet ist?

Man kann die beiden Prinzipien, gerade weil sich einmal das eine, ein anderes Mal das andere durchsetzt, auch unterschiedlichen ‚Orientierungen' zuordnen. Unterschiedliche Wortformen als einem Wort zugehörig zu erkennen, hilft uns beim *Lesen*, so dass das Stammprinzip offensichtlich vom Leser her gedacht ist. So schreiben zu können (bzw. zu dürfen), wie wir etwas hören, hilft uns beim *Schreiben*, so dass das Lautprinzip eher für den Schreiber hilfreich sein dürfte.

Schreibung von Fremdwörtern

Auf die Schreibung von Fremdwörtern lassen sich beide Prinzipien allerdings nur begrenzt anwenden, weil deren Schreibung oft noch von der Herkunftssprache bestimmt wird. Tatsächlich versucht die Neuregelung der deutschen Rechtschreibung relativ behutsam, zumindest bei geläufigen Fremdwörtern auch eine ‚eingedeutschte' (integrierte) Schreibung zuzulassen. Solche Angleichungen haben zwar immer schon stattgefunden, sie werden nun aber in Fällen, wo sich eine solche Angleichung anbahnt, ausdrücklich bereits als zweite zulässige Schreibung ausgewiesen. Damit entstehen gerade auch bei den Fremdwörtern oft alternative Schreibmöglichkeiten.

Auf eine generelle Ausdehnung der bei zahlreichen Wörtern bereits etablierten Schreibung mit *f* anstatt mit *ph* wurde jedoch wiederum verzichtet. So können wir zwar *Mikrofon* (und inzwischen alle Wörter mit *-phon*) auch mit *f* schreiben (sogar *Fonetik*), wir können *Fotografie* und *Grafik* schreiben, nicht aber **Filosofie* (was uns sicherlich noch seltsamer vorkäme als mir *Fonetik*).

Mit der Angleichung von aus anderen Sprachen übernommenen Wörtern an die orthographischen Regeln der jeweiligen aufnehmenden Sprache tun sich andere Sprachen weniger schwer als das Deutsch. So wird die altehrwürdige ***Ph***_ilosop_***h***ie in der Orthographie des Spanischen zu *filosofía* oder die ***Ph***_ilippinen_ werden zu den *Filipinas.* Die These wird zu einer *tesis* und die beliebte ‚Heilgymnastik', wie das Wörterbuch übersetzt, schreibt sich schlicht *fisioterapia.* Da braucht sich dann auch niemand mehr zu fragen, ob man unseren Buchstaben *y* lieber als [*ü*] oder lieber als [*i*] sprechen soll.

Es gibt auch im Spanischen nur wenige Wörter, die mit *y* beginnen, und das *y* am Wortanfang wird, wie im Deutschen überwiegend auch, stets als [*j*] gesprochen. Das ist konsequent (*yogur* für dt. *Jogurt* oder *Joghurt)*, weil das spanische *j*, wie wir schon am Beispiel *Rioja* gesehen haben, einen anderen Laut als unser *j* repräsentiert, was dann natürlich auch am Wortanfang der Fall wäre, wo wir bei einem entlehnten Wort wie *Junta* selbst im Deutschen die spanische Aussprache [*ch*] bevorzugen.

Kennen Sie *Yemas*? Sie bekommen sie beim spanischen Konditor, speziell in Ávila nördlich von Madrid – ein köstliches Gebäck aus Eigelb, fast eine Praline, die sehr frisch genossen werden muss, weil dafür rohes Eigelb verwendet wird. Der lautliche Unterschied ist klar: [*rio-cha* und *ch-unta*], aber [*jemas*]. So wie wir es hören, werden wir beide Wörter, auch wenn sie eingedeutscht würden, im Deutschen wohl niemals schreiben, genauso wenig wie wir *Cola* mit *K* schreiben würden (was allerdings bei *Kord/ Cord* durchaus möglich ist). Wenn es sich um Produktnamen handelt, liegen diese als Eigennamen ohnehin außerhalb der Rechtschreibregeln. Ob Sie *Schmidt* oder *Schmitt* heißen, geht die Rechtschreibung nichts an.

Im Deutschen bleibt die Fremdwortschreibung gewissermaßen auf halbem Wege stehen: Niemand hat ein Problem, *fantastisch* mit *f* zu schreiben, mit *Fantasie* tut sich der eine oder andere schon etwas schwerer und wenn ich im DUDEN von 2006 oder 2013 nach *Strofe* suche (wie im Neuregelungsvorschlag ursprünglich vorgesehen), finde ich ausschließlich *Strophe.* Es ist leider nach wie vor eine *Katastrophe*. Ich habe kein *Reuma,* sondern ausschließlich *Rheuma,* kein *Astma,* sondern *Asthma.* Der *Receiver* behält seine englische und der *Rechaud* seine französische Schreibung (und Aussprache) und der *Thron* wird sein *h* wohl auch auf immer und ewig behalten, denn schon bei der 2. Orthographischen Konferenz, die uns das *h* in *Thür* gestrichen hat, wusste Kaiser Wilhelm II. zu verhindern, dass auch das *h* in *Thron* fast gestrichen worden wäre: „Am Thron wird nicht gerüttelt“ (soll er gesagt haben).

Und wenn ich mich heute in den Meeren sprachlich umschaue, finde ich wohl eher selten einen *Tunfisch*, sondern, wenn überhaupt, dann immer noch *Thunfisch*, obwohl die

Schreibung ohne *h* inzwischen genauso zulässig ist. Es liest sich fast wie eine Assimilation an die spanische Schreibweise: *atún.* Ein kleines „Langenscheidt Universal-Wörterbuch Spanisch" gibt die beiden deutschen Schreibvarianten ökonomisch so an: „T(h)unfisch". Lassen Sie also einfach mal das *h* weg, ohne dass Ihnen das gleich spanisch vorkommen müsste.

ooo, fff, ttt?

Man mag es am liebsten nicht sehen: dreimal der gleiche Buchstabe hintereinander. Aber auch das gab es schon vor der Neuregelung, allerdings mit einer seltsamen Zusatzregel: Wir schrieben *Balletttruppe*, aber vor der Neuregelung **Ballettänzer* (dreimal *t* war nur dann erlaubt, wenn ein weiterer Konsonant folgte). Da dürfen wir jetzt konsequenter sein und immer, wenn dreimal der gleiche Buchstabe aufeinander folgt, ihn ohne Ausnahme auch dreimal schreiben: *Kaffeeersatz* (oder wen es stört: *Kaffee-Ersatz*), *Zooorchester*, *Schifffahrt* und *Balletttänzer* (wo wir auch wieder auf *Ballett-Tänzer* ausweichen können).

Ein wenig konsequenter ist es also wohl doch in der deutschen Rechtschreibung geworden, aber immer wieder werden auch Alternativschreibungen zugelassen, wo sich erst in der künftigen Entwicklung des Schreibgebrauchs der Deutschen zeigen soll, welche Schreibungen ‚angenommen' werden. So werden keine oft willkürlich erscheinenden Normierungen vorgenommen, sondern auch die Rechtschreibung bleibt letzten Endes eine Angelegenheit, die sich am jeweiligen (sich ggf. auch verändernden) Schreibgebrauch der Sprecher bzw. Schreiber einer Sprache, in unserem Fall des Deutschen orientieren muss.

ss – ß?

Ebenfalls sehr konsequent und, wie ich meine, wirklich begrüßenswert ist die Schreibung des stimmlosen *s* (im Auslaut und vor Konsonant). Es gab und gibt keinen vernünftigen Grund dafür, dass das *ss* aus dem Inlaut (*Flüsse*) durch ein *ß* ersetzt wird, wenn dieses *ss* an das Wortende rutscht. Also schreiben wir heute ohne eine solche Ausnahmeregel nicht nur *Flüsse*, sondern konsequenterweise auch *Fluss.*

Nun werden die einen vielleicht zu bedenken geben, man könne doch nicht einfach das *ß* abschaffen. Das hatte auch niemand im Sinn, denn dass man etwa die Konjunktion *dass* nicht mehr mit *ß* schreibt (**daß*), bedeutet ja nicht, dass es kein *ß* mehr geben soll. Das ist, wir haben bereits davon gesprochen, nur in der Schweiz so, wo es das *ß* nie gegeben hat und auch heute nicht gibt.

Die anderen werden vielleicht einwenden, dass wir aber doch nach wie vor *Fuß* mit *ß* schreiben und damit eine unterschiedliche Schreibung gegenüber *Fluss* entstanden ist. Das ist richtig, aber es gibt jetzt eine einheitliche Regel, wann *ß* zu schreiben ist und wann *ss,* und zwar durchgängig, also im Wortinnern wie am Wortende. Nach langem Vokal und Diphthong wird *ß* geschrieben (also *Fuß, Straße, beißen),* nach kurzem Vokal *ss* (also *Fluss, Fass, küssen, müssen* und *muss*).

Das macht die *s*-Schreibung ein wenig konsequenter und damit einfacher, aber wirklich ‚leicht' wird sie dadurch trotzdem nicht, denn es gibt ja immer noch das stimmlose *s,* das nicht *ss/ß*, sondern als einfaches *s* (*Gans,* aber auch: *ganz)* geschrieben wird.

Zeichensetzung

Die Zeichensetzung war im amtlichen Regelwerk von 1901/1902 nicht geregelt worden. Erst nach und nach hat sich hier die DUDEN-Regelung herausgebildet, wie sie sich jetzt ein wenig vereinfacht im neuen amtlichen Regelwerk von 1996 findet. Vermutlich denken Sie, wenn von Zeichensetzung die Rede ist, gleich an das Komma, bei dem man nie wirklich sicher ist, wie ein Satz optisch durch Kommata zu gliedern ist. Schwierig wird es dadurch, dass die Gliederung des Satzes durch Kommata letztlich von bestimmten syntaktischen Verhältnissen abhängig ist; z.B. davon, ob etwas ein Hauptsatz oder ein Nebensatz ist, ein einfacher oder ein erweiterter Infinitiv usw. Deshalb sind im Grunde eine ganze Reihe grammatischer Kenntnisse erforderlich, um die Kommata (man ‚darf' übrigens anstatt der griechischen Pluralbildung längst auch *Kommas* sagen und schreiben) richtig zu setzen.

Wenn es generell um die *Satzzeichen* geht, werden wir vielleicht überrascht sein, was es außer Komma und Punkt noch alles gibt: Ausrufezeichen und Fragezeichen; Semikolon, Doppelpunkt, Gedankenstrich, Klammern; Anführungszeichen; Zeichen zur Markierung von Auslassungen, wie das Apostroph, den Ergänzungsstrich und die Auslassungspunkte.

Aber noch eine Bemerkung zur grammatischen Begründung der Kommaregeln und der Tendenz, den Schreibern auch hier größere Freiheit zu lassen. Haben Ihnen jüngere Bekannte vielleicht auch schon einmal beizubringen versucht, dass man im Brief nach der Anrede kein Ausrufezeichen mehr setzt, sondern ein Komma (und dann das erste Wort des eigentlichen Brieftextes auch konsequenterweise mit einem kleinen Buchstaben beginnt)? Wenn Sie aber trotzdem schreiben wollen: *Sehr geehrter Herr Biere! Was haben Sie sich nur dabei gedacht?* dann ist das genauso richtig, wie die Schreibung mit Komma: *Sehr geehrter Herr Biere, was...* Beide Zeichensetzungen, Ausrufezeichen wie Komma, sind also korrekt. Und dann lese ich in der amtlichen Regelung noch Folgendes: „*In der Schweiz auch ohne Zeichen am Ende: ...*". Vielleicht gibt es noch mehr schweizerische Eigenarten als wir denken…

Insgesamt ist es bemerkenswert, dass die Betonung der (kommunikativen) Funktion der Satzzeichen diese tatsächlich ein wenig aus dem ‚grammatischen Korsett' löst und dem

Schreiber ‚stilistische Freiheiten' einräumt. So heißt es im Regelwerk: *„Die Satzzeichen sind Grenz- und Gliederungszeichen. Sie dienen insbesondere dazu, einen geschriebenen Text übersichtlich zu gestalten und ihn dadurch für den Leser überschaubar zu machen. Zudem kann der Schreibende mit den Satzzeichen besondere Aussageabsichten oder Einstellungen zum Ausdruck bringen oder stilistische Wirkungen anstreben.“*

Apostroph

Wir wollen das Kapitel zur deutschen Rechtschreibung mit einem winzigen Zeichen abschließen, das für etwas steht, was ausgelassen worden ist: Nicht mit den berühmten drei Pünktchen (…) oder dem *usw., usf.*, sondern mit dem *Apostroph* (den wir weiterhin mit *ph* schreiben).

„Ans oder an's? Aufs oder auf's?“ lese ich als Untertitel eines kleinen Beitrags: „DER APOSTROPH – DES APOSTROPH'S?“ – In Schreibungen, in denen wir die Auslassung nicht mehr durch Apostroph markieren, erscheint uns das betreffende Wort als eigene Fügung, die nicht mehr in Bezug auf etwas Vollständiges verstanden wird: *‚Bis ans Ende der Welt'* zu gehen, erscheint uns nicht mehr als *‚**an das** Ende der Welt'*, sondern als feste eigenständige Verbindung, in der es nichts mehr als Auslassung zu markieren gilt. Es handelt sich um weitgehend obligatorische Verschmelzungen.

Als Auslassung wird auch nicht mehr das fehlende *e* in der Dativendung verstanden (*im Haus – im Hause*): *„Was schon einmal verloren wurde, kann nicht nochmals ausgelassen werden“*, schreibt R. Schrodt aus Wien im SPRACHREPORT 3/12.

Der Apostroph ist ein Auslassungszeichen: In *D'dorf* anstatt *Düsseldorf* sind gleich mehrere Buchstaben ausgelassen. Charakteristisch ist jedoch eher die Auslassung eines einzelnen Buchstabens: *Lassen wir's gut sein! – Lassen wir es gut sein!* Hier ist uns der Apostroph vertraut, er vertritt sozusagen das ausgelassene *e:* Aus *wir es* wird *wir's.*

Genitiv-*s*

Sollte man es als eine ‚Unsitte' ansehen, dass der Apostroph gelegentlich auch dort auftaucht, wo er gar nicht hingehört? – War ich zunächst einfach erstaunt, an einem Strand auf Fuerteventura auf *Heidi's Strandbar* (und *Erdinger Weißbier)* zu stoßen, war meine zweite Reaktion wieder professionell: Müsste ich den ‚Fehler' hier nicht akzeptieren? Ja, sicher, ich bin im Urlaub und jemand hat sich hier um die deutschen Urlauber bemüht und ihnen das Gefühl zu geben versucht, man müsse auf den Kanaren ebenso wenig wie auf Mallorca des Spanischen mächtig sein. Auch „*hier ist Deutschland*".

Tatsächlich gibt es den sog. *sächsischen Genitiv,* den wir aus dem Englischen kennen, im Deutschen nicht. Kasus oder Plural werden im Deutschen in der Regel nicht durch Apostroph markiert. Und daraus folgt, dass es eben auch „*Heidis Strandbar*" heißen müsste. Die zahlreichen Apostroph-Genitive, denen Sie überall begegnen, mögen vielleicht irgendeinen werbepsychologischen Sinn haben, aber in der deutschen Rechtschreibung gibt es normalerweise keinen Genitiv, der mit Apostroph-*s* geschrieben würde.

Was sollte zwischen *Heidi* und *s* auch ausgelassen worden sein? - Es gibt allerdings eine anders begründete Verwendung des Apostrophs, nämlich nicht als Auslassungszeichen, „*sondern zur Verdeutlichung der Grundform eines Personennamens...*" (DUDEN-Rechtschreibung, 24. Aufl., S. 36): Im Beispiel *Carlo's Bar* etwa wird nur durch den Apostroph deutlich, dass der zugrundeliegende Name *Carlo* und nicht *Carlos* ist. Ein weiteres Beispiel: *Andrea's Blumenecke* (die *Andrea* und nicht *Andreas* gehört). Diese Ausnahmegründe treffen allerdings bei *Heidis Strandbar* nicht zu.

Möglicherweise handelt es sich hier jedoch tatsächlich um eine Art Entlehnungsphänomen, nämlich um die Entlehnung einer grammatischen Regel zur Bildung des Genitivs aus dem Englischen. Das wäre allerdings einigermaßen erstaunlich, denn bei der Pluralbildung zu aus dem Englischen entlehnten

Wörtern wenden wir nach wie vor die Pluralregeln des Deutschen an und schreiben den Plural von *Baby* natürlich *Babys* und nicht nach der Regel für das Englische *babies*. Auch die charakteristische englische Aussprache [*beibi*] ist im Deutschen bereits verloren gegangen: Wir begnügen uns mit einem langen *e:* [*be:bi*].

Vor kurzem entdeckte ich vor einem deutschen *Phoneshop* sogar einen (gar nicht englischen) Apostroph-Plural: „*Info's zu allen Tarifen*". Ist das vielleicht bereits eine falsche Analogiebildung zu dem genauso falschen Genitiv-*s*?

Lektüreempfehlungen

Bei Unsicherheiten hinsichtlich der korrekten Schreibung einzelner Wörter wird man in der Regel eines der gängigen Rechtschreibwörterbücher konsultieren (z.B. den DUDEN-Band 1: *Die deutsche Rechtschreibung, 26. Aufl. 2013* oder *Deutsches Wörterbuch* von Gerhard Wahrig. Die Grundlage für alle Wörterbücher stellt jetzt die amtliche Regelung dar.

Eine gut lesbare Einführung, insbesondere unter rechtschreibdidaktischen Aspekten, stellt das Büchlein von Gerhard Augst und Mechthild Dehn dar:

Augst, Gerhard/ **Dehn**, Mechthild: *Rechtschreibung und Rechtschreibunterricht. Können, Lehren, Lernen.* 3. Auflage. Stuttgart/ Düsseldorf/ Leipzig: Klett Verlag 2007.

ANHANG

Zur Behandlung von Varietäten des Deutschen im DaF-Unterricht

Der ‚ideale' Sprecher-Hörer im Sinne Noam Chomskys „lebt" in einer homogenen Sprache bzw. Sprachgemeinschaft. Aber er „lebt" natürlich nicht wirklich. Noam Chomsky hat ihn als eine Art Kunstfigur geschaffen, als eine methodologische Abstraktion, die es den Linguisten ermöglicht, natürliche Sprachen als homogene Systeme zu verstehen. Denn erst dann können sie ein über die Kompetenz eines einzelnen Sprechers hinausgehendes allgemeines Sprachsystem beschreiben. Dementsprechend sind deskriptive (beschreibende) Grammatiken bestrebt, deskriptiv (nicht präskriptiv, vorschreibend oder normierend) zu erfassen, was in der jeweiligen Sprachgemeinschaft als „Standard" gilt bzw. was das sprachliche Wissen eines idealen Sprecher-Hörers ausmacht.

Ein solcher in Grammatiken und Wörterbüchern kodifizierter Standard wird auch als „deskriptive Norm" bezeichnet (Peter von Polenz). Das bedeutet, dass das, was von den Linguisten eigentlich nicht normativ gemeint war, aufgrund der Kodifizierung eine normative Kraft entfalten kann und dementsprechend den Sprachgebrauch der einzelnen Sprecher (z.B. über die Institution ‚Schule') beeinflusst. Es scheint also eine unlösbare Verquickung und Wechselwirkung zwischen dem Anspruch der schlichten Beschreibung und dem Anspruch zu geben, quasi vorzuschreiben, wie etwas sein soll, zu geben. Diese letztlich normative Wirkung deskriptiver Grammatiken und Wörterbücher verhindert zwar nicht, dass eine Sprache sich wandelt, sie kann aber diesen Prozess des beständigen Wandels, der von den Sprechern einer Sprache initiiert wird, doch verlangsamen.

‚Plurizentrismus' des Deutschen

Im Bewusstsein der Sprecher sind Varietäten so etwas wie Sprachen in der Sprache, Subsysteme unter dem Dach einer gemeinsamen Sprache, von der sie sich jedoch z.T. erheblich unterscheiden. Ist dann das Schweizerdeutsch, das Österreichische oder Luxemburger Deutsch auch eine Varietät des Deutschen? Nein, denn hier greift die ‚Plurizentrismus'-These. Danach sind die genannten Varietäten zwar zweifelsohne „Deutsch", aber sie sind auf ein jeweils eigenes politisch-geographisches, aber auch sprachliches Zentrum bezogen. So orientiert sich etwa das, was im österreichischen Deutsch als Standard gilt, nicht am bundesrepublikanischen Deutsch, sondern an dem in Wien gesprochenen Deutsch bzw. Österreichisch.

Wird Deutsch nun aber als Fremdsprache gelehrt und gelernt, so wird (auch bei österreichischen Lektoren im Ausland) in der Regel nicht Österreichisch gelehrt, ebenso wenig wie irgendeine Varietät des Deutschen (selbst wenn der Lektor aus Bayern stammt), sondern das, was als deutsche Standardsprache, als Hoch- oder Literatursprache gilt.

Ist dies heute die Mediensprache, die Sprechweise der Nachrichtensprecher? Oder ist es die „Bühnenhochsprache"? - Mag auch ein Tübinger Kollege sein Schwäbisch selbst in seinen Vorlesungen nicht verleugnen, so habe ich mich doch in meinen Vorlesungen stets bemüht, möglichst standardnah zu artikulieren und meine ursprünglich leicht sauerländische Sprechweise möglichst zu unterdrücken. Dies versuche ich umso mehr, wenn ich im Ausland bin, z.B. bei einer Tagung in Sevilla oder bei Seminaren in Bydgoszcz (Polen) oder bei Lehraufenthalten in Pisa. ‚Verleugne' ich damit meine Herkunft aus dem Sauerland, wo man doch als Bestätigungs- oder Bekräftigungspartikel stets ein *woll* anzufügen hat und wo die Kinder *Blagen* heißen (was ganz lieb gemeint ist)? Wen aber interessiert die regionale Herkunft überhaupt? Irritiert eine dialektale Färbung den Lerner des Deutschen als Zweitsprache oder Fremdsprache nicht eher?

Varietätenwahl und code switching

Das Problem ist komplex, wie wir schon allein auf der Ebene der Muttersprache gesehen haben: Einmal bekennen wir uns (sprachlich) zu unserer angestammten Varietät (wenn wir sie denn noch beherrschen), ein anderes Mal tendieren wir in der Varietätenwahl eher zum Hochdeutschen. Die Gründe für eine bestimmte Sprachen- bzw. Varietätenwahl sind in der Regel kommunikativer oder pragmatischer Art. Einmal wollen wir uns vielleicht nicht regional lokalisieren lassen, um nicht zu sagen „outen", und versuchen deshalb, einer bestimmten (eher neutralen) standardsprachlichen Norm gerecht zu werden. Ein anderes Mal versuchen wir vielleicht, uns den Verstehensmöglichkeiten unserer Adressaten anzupassen.

Wir können im Grunde alle in einer standardnahen Varietät sprechen, wenn es die Situation erfordert. Wir haben als Muttersprachler, wenn wir mehrere Varietäten beherrschen, die bereits angesprochene Möglichkeit des code switching: Für welchen ‚Code' wir uns auch entscheiden, ‚irgendwie' wissen wir schon, warum wir ggf. in diese oder jene Varietät wechseln. - Diese Wahl hat derjenige, der Deutsch als Fremdsprache gelernt hat, in der Regel nicht. Oder doch?

Der Engländer, der Rheinisch sprach

Als ich vor einigen Jahrzehnten am Strand vor Montpellier mit einem jungen Engländer auf Deutsch ins Gespräch kam, der dort wie ich eigentlich Französisch lernen wollte bzw. sollte, wunderte ich mich zunächst über seinen rheinischen Akzent. Dann wurde mir schnell klar, dass es auch beim Erwerb einer Fremdsprache natürliche, ungesteuerte Spracherwerbssituationen gibt, in denen wir nicht anders können, als die Sprache unserer Umgebung, die Sprache der mit uns kommunizierenden Partner zu erlernen. Und das ist dann nicht unbedingt Standarddeutsch, sondern eben das Deutsch der jeweiligen regionalen und soziokulturellen Umgebung, der Dialekt oder Soziolekt, wie er in diesem Fall von den Mitarbeitern in der Autoproduktion bei Ford in Köln gesprochen wurde, wo unser junger Engländer eine Zeit lang gejobbt hatte.

Trotzdem war ich zunächst, wie gesagt, mehr als irritiert, weil meine Erwartung eine andere gewesen war. Ein Engländer in Frankreich spricht, wenn er Deutsch spricht, nicht Rheinisch, sondern deutsche Standardsprache. Aber er hatte wohl gar keine Wahl: Er sprach die Varietät, die er in einer quasi natürlichen Spracherwerbssituation als ‚Deutsch' gelernt hatte, möglicherweise sogar ohne das Wissen, dass dies nicht Standard, sondern eine regionale Varietät des Deutschen war.

Andererseits: Auch als Muttersprachler habe ich oft keine Wahl. Ich kann nicht Westfälisch oder Plattdeutsch sprechen, selbst wenn ich es wollte; erst recht kann ich kein Schwäbisch oder Pfälzisch sprechen, obwohl ich einige Zeit in Tübingen verbracht und lange im Mannheimer Raum gelebt habe. Und der Versuch, es zu tun, würde wohl kaum zum kommunikativen Erfolg führen, sondern bestenfalls lächerlich wirken.

Am besten beherrsche ich wohl die Standardsprache. Bin ich mit dieser überregionalen Varietät nun sprachlich „heimatlos"? Fühle ich mich vielleicht deshalb im Ausland wohler als etwa in Bayern? Habe ich vielleicht deshalb neben den muttersprachlichen Studierenden in Koblenz immer auch gern Lerner des Deutschen als Fremdsprache unterrichtet? Diese haben eines mit mir gemeinsam: Sie wollen genau das Deutsch lernen, das ich spreche und schreibe: die deutsche Standardsprache.

Warum wollen sie das? Warum sollen sie das? Weil es, wie mein Spracherlebnis in Montpellier zeigt, wohl noch befremdlicher ist, wenn ein Ausländer einen Dialekt spricht, als wenn es ein Muttersprachler versucht, der den betreffenden Dialekt nicht von Kindesbeinen an gelernt hat. Ebenso befremdlich fand ich es allerdings an der Fremdsprachenhochschule in Tianjin (China), als eine Studentin ihre umgangssprachlichen Deutschkenntnisse dadurch unter Beweis zu stellen (oder mich zu provozieren?) versuchte, dass sie immer wieder „scheiße" sagte, also eine stark umgangssprachliche, tendenziell vulgäre Varietät benutzte.

Das Recht auf Standarddeutsch

Wenn wir als Nicht-Muttersprachler ‚Deutsch als Fremdsprache' in einer gesteuerter Spracherwerbssituation lernen wollen, haben wir ein Recht darauf, die deutsche Standardsprache und nicht irgendeine Varietät des Deutschen, keine regionale und keine subkulturelle, präsentiert zu bekommen. Und das sehen diejenigen, die Deutsch lernen wollen, genauso wie diejenigen, die Deutsch unterrichten.

Können Varietäten des Deutschen (über die regionalen Varietäten hinaus) trotzdem im Unterricht „Deutsch als Fremdsprache" eine Rolle spielen und welche Rolle spielen sie im muttersprachlichen Deutschunterricht?

Situationsspezifische Varietäten, Funktionalstile und Register

Auch unsere muttersprachliche Kenntnis verschiedener Varietäten besteht in der Regel weder darin, dass wir diese alle beherrschen, noch darin, dass wir ihre Eigenschaften im Einzelnen linguistisch beschreiben könnten. In der Regel wissen wir aber, dass es in bestimmten Situationen angemessen ist, eine bestimmte Varietät zu verwenden. Dieses Wissen ist ein wesentlicher Teil unserer kommunikativen Kompetenz.

Mit der Frage eines situativ angemessenen Sprachgebrauchs (siehe unser Beispiel aus China) sind wir auch im Unterricht des Deutschen als Fremdsprache, vor allem seit seiner weitgehend kommunikativen Orientierung, konfrontiert. Wir müssen innerhalb der Sprachlernsituation realitätsnahe Kommunikationssituationen als Stimuli für eine kommunikationsorientierte Sprachproduktion konstruieren und dazu müssen wir wissen, welche Varietätenwahl in welcher Situation wirklich angemessen ist.

Aber schwierig wird es trotzdem bleiben, Varietäten unter dem Aspekt der situativ angemessenen Registerwahl im Unterricht zu behandeln. Denn wir sind manchmal durchaus unsicher, was kommunikativ jeweils angemessen ist oder was von unseren Kommunikationspartnern für angemessen gehalten wird. Außerdem kann die Dynamik einer Kommunikationssituation dazu führen, dass selbst innerhalb einer Kommunikationssituation unter Aspekten der kommunikativen Adäquatheit ein Code- bzw. Varietätenwechsel stattfinden kann bzw. muss (code switching). Offensichtlich werden hier von Muttersprachlern subtile Kommunikationsstrategien praktiziert, deren Systematisierbarkeit an Grenzen stößt.

Situative Sprachenwahl

Dort wo in einem geographischen Raum verschiedene Sprachen gesprochen werden, seien es verschiedene Muttersprachen, Deutsch als Fremd- bzw. Zweitsprache, Spielarten des Mannheimerischen, des Pfälzischen oder Kurpfälzischen, findet Kommunikation stets unter erschwerten Bedingungen statt. In fast jeder Kommunikationssituation stellt sich für den Sprecher das Problem der Sprachen- bzw. Varietätenwahl. Insbesondere dann, wenn er individuell in der glücklichen Lage ist, mehrsprachig zu sein, wie es z.B. die Kinder von Migranten oft sind, die in zweiter oder dritter Generation in Deutschland leben, oder wie es die Dialektsprecher sind, wenn sie sich in einer Diglossie-Situation befinden und zwischen Mundart und Standard jeweils situationsangemessen wechseln können, je nachdem, ob sie sprachlich-kommunikativ ‚Nähe' oder ‚Distanz' signalisieren wollen.

Die Sprachenwahl steht prinzipiell auch dem Lerner des Deutschen als Fremd- oder Zweitsprache zur Verfügung. Er kann sich z.B. entscheiden, seine Muttersprache zu sprechen oder es doch lieber in der deutschen Standardsprache zu versuchen, selbst wenn seine Fremdsprachenkompetenz phonetisch wie grammatisch noch weit vom kodifizierten Standard entfernt sein mag. Er sollte es tatsächlich so oft wie möglich versuchen, auch wenn er dabei vielleicht nicht immer mit so viel Lob überschüttet wird, wie wir von den Franzosen, wenn wir in Frankreich mit unseren Französisch-Kenntnissen zu punkten versuchen.

Wir können uns ohne weiteres vorstellen, dass es zwar schwierig, aber durchaus nicht unmöglich ist, fremdsprachlich einigermaßen angemessen kommunizieren zu können. Für zwei Marktfrauen in einer chinesischen Kleinstadt war dies offensichtlich nicht vorstellbar: Als ich dort in Begleitung einer relativ gut Chinesisch sprechenden deutschen Lektorin eine Tüte Nüsse kaufte (ehrlich gesagt, tat sie es: auf Chinesisch), tuschelten die Marktfrauen und fingen an zu lachen. Dachte ich einen Moment, sie fänden die Chinesisch-Kenntnisse der Lektorin wohl zum Lachen, wurde ich eines Besseren belehrt. Maria hatte verstanden, dass sie sich wunderten, dass wir gar nicht aussähen wie Chinesen. Wie hätten wir sonst Chinesisch sprechen können?

Dagegen wundern wir uns kaum, wenn ein südländisch aussehender junger Mann auf dem Wochenmarkt in Mannheim in (fast) perfektem Deutsch seine Einkäufe erledigt. Aber hätte er vielleicht nicht doch ein sprachliches Problem, wenn die Kartoffeln hier als „Grumbeere" angeboten würden? Wenn er nicht sähe, dass das handgeschriebene Schildchen in einer Pfälzer Kartoffel steckt, vielleicht schon. Wenn er aber in Mannheim aufgewachsen ist, dürfte er, wie der eingangs zitierte Engländer, der Rheinisch sprach, vielleicht auch damit keine Probleme haben. Aber wenn er nun die Grumbeere kaufen möchte, würde er wohl trotzdem fünf Pfund „Kartoffeln" kaufen und sich in der aktiven Sprachverwendung mit dem mundartlichen Ausdruck *Grumbeere* vermutlich schwertun.

Produktive und rezeptive Kompetenz

Es ist also tatsächlich etwas entschieden anderes, ob wir eine (regionale) Varietät verstehen können (rezeptiv) oder ob wir sie selbst aktiv verwenden (produktiv). Wenn wir in einer gesteuerten Spracherwerbssituation Deutsch lernen, lernen wir Standarddeutsch. Und wenn wir – im wirklichen Leben – mit den verschiedensten Varietäten konfrontiert werden, versuchen wir sie zunächst zu verstehen, aber nicht zu sprechen. Und das tut im Fall regionaler Varietäten oder im Fall von Sondersprachen wie der ‚Werbesprache' (und wie wir im nächsten Kapitel sehen werden, auch im Fall von sog. Gruppensprachen, wie der Jugendsprache) sogar der Muttersprachler, wenn er sich nicht lächerlich machen will.

Es lässt sich also wohl kein einleuchtendes Argument finden, dass ein Lerner des Deutschen als Fremdsprache irgendeine regionale Varietät zum aktiven Gebrauch erlernen sollte. Denn dies kann nicht einmal der Muttersprachler. Dann fehlt uns zwar ein sprachliches Register, dessen Verwendung ‚Nähe' zu den Kommunikationspartnern signalisieren könnte, aber ‚Nähe' lässt sich ohnehin nicht rein sprachlich erzeugen: Die Nähe ist vor der Sprachverwendung da, und wo nicht, kann die angepasste Sprachverwendung sie auch nicht wirklich herstellen.

Dialekttexte in den Medien

Trotzdem gibt es gute Argumente für eine passive Kenntnis dialektaler (und anderer) Varietäten des Deutschen. In bestimmten Situationen kann es durchaus sinnvoll sein, zumindest Grundkenntnisse darüber zu haben, welche regionalen Varietäten es im Deutschen gibt und evtl. zu wissen, was deren grundlegenden Merkmale sind. Zum einen, um in der mündlichen Kommunikation den Mundartsprechern oder den Sprechern einer regionalen Umgangssprache einigermaßen folgen zu können, zum anderen, um dialekthaltige Texte oder Medienprodukte (nicht zuletzt literarische) einigermaßen verstehen zu können.

So fragte ich mich vor einigen Jahrzehnten beispielsweise, ob ich polnischen Germanistik-Studenten den Film „Herbstmilch“ (Vilsmaier) zeigen könnte, in dem fast durchgängig Bairisch gesprochen wird. Aber genau so könnte ich mir diese Frage im Hinblick auf die Literatur des Naturalismus (z.B. Gerhart Hauptmann) stellen und ebenso im Hinblick auf eine Reihe junger deutscher Autoren, die sich nicht mehr bemühen, Literatursprache zu schreiben, sondern die uns ihre oder die von ihnen beschriebene Welt als Welt mit eigenen sprachlichen Gepflogenheiten näher zu bringen versuchen.

Dabei wird uns dann vielleicht bewusst, dass unser scheinbar harmloser Umgang mit Varietäten auf etwas viel Substantielleres hinausläuft, nämlich auf die Frage nach der sprachlichen Verfasstheit der Welt.

Nicht produktiv, sondern reflexiv

Wir stoßen hier auf eine Art interkulturellen Lernens, das ansetzt bei der Sensibilisierung für intrakulturelle Heterogenität. Die Einsicht, dass wir bereits innerhalb einer (vermeintlich homogenen) Kultur mit (intra-)kulturellen Differenzen konfrontiert sind, legt den Schluss nahe, dass wir in der Dimension des Interkulturellen erst recht auf Heterogenitäten unterschiedlichster Art stoßen werden.

Demnach können wir Varietäten im muttersprachlichen Unterricht durchaus unter dieser doppelten Perspektive thematisieren: Über die Bewusstmachung von Heterogenität innerhalb der Muttersprache können wir ein Verständnis für die Sprachenvielfalt (allein schon in Europa) anbahnen und auf der anderen Seite vielleicht auf die Abstraktionsleistung vorbereiten, die es uns erst ermöglicht, überhaupt von so etwas wie der ‚deutschen Sprache’ zu sprechen.

So wird im neuen Rahmenplan Grundschule für Rheinland-Pfalz (Teilrahmenplan Deutsch) im Lernbereich „Sprache und Sprachgebrauch untersuchen“ der Teilbereich „Gemeinsamkeiten und Unterschiede von Sprachen entdecken“ angeführt, der wie folgt erläutert wird: „Deutsch – Fremdsprache; Dialekt – Standardsprache; Deutsch – andere Muttersprachen in der Klasse; Deutsch – Nachbarschaftssprachen …“. Während hier Dialekte und andere Sprachen zum Gegenstand sprachsystematischer und sprachvergleichender Reflexion gemacht werden sollen, fehlen die Varietäten in den produktionsorientierten Teilbereichen. Dort heißt es vielmehr ausdrücklich, die Schüler sollten lernen, „an der Standardsprache orientiert und artikuliert sprechen“.

Es gilt also für den fremdsprachlichen wie für den muttersprachlichen Unterricht gleichermaßen: Keine Behandlung von Varietäten für die Sprachproduktion, aber sehr wohl als Gegenstand der Sprachreflexion. Darüber hinaus kann man noch einen Sinn darin sehen, Varietäten mindestens in dem Maße zu kennen, dass man dialekthaltige (literarische) Texte und Dialekt sprechende Gesprächspartner einigermaßen verstehen kann.

Mündlichkeit und Schriftlichkeit

Neben der Unterscheidung von *Sprachproduktion, Sprachrezeption* und *Sprachreflexion* muss muttersprachlich wie fremdsprachendidaktisch aber auch der Unterscheidung von Mündlichkeit und Schriftlichkeit Rechnung getragen werden. Im Primärspracherwerb ist die Reihenfolge klar: Erst lernen wir sprechen, dann lernen wir (in der Schule) schreiben und lesen. In einem kommunikativen Unterricht ‚Deutsch als Fremdsprache’ wird diese Reihenfolge in der Regel auch so sein. Aber sie muss nicht so sein. Vielleicht wollen wir in der Fremdsprache gar nicht sprechen, sondern nur bestimmte Arten von Texten lesen und verstehen können. Je nach Lerner-Interessen könnte ich mich also auch durchaus nur auf die schriftlich-rezeptive Kompetenz konzentrieren, während es bei einer jungen Griechin, der ich einmal ein halbes Jahr Deutschunterricht gegeben habe, genau umgekehrt war: Sie wollte nur für die Bedürfnisse in ihrem griechischen Restaurant deutsch sprechen und verstehen können. „Nein, nicht lesen und am besten auch keine Grammatik.“ Aber ganz ohne Grammatik ging es dann doch nicht.

Mit den diatopischen (räumlichen oder arealen) Varietäten haben wir uns im Prinzip im Bereich der Mündlichkeit bewegt. Dialekte haben in der Regel keine kodifizierte, normierte Schriftform. Wenn man sie ‚verschriftet', dann so, wie man sie spricht. Und so finden wir auch in der dialekthaltigen Literatur im Grunde verschriftete mündliche Sprache nach den Vorstellungen des jeweiligen Autors, der versucht, reale mündliche Dialoge nachzuempfinden.

Funktionale Varietäten (Fachsprachen)

Die Domäne der funktionalen Varietäten ist demgegenüber primär die Schriftlichkeit. Dies gilt weitgehend für die Fachsprachen als funktionale Zwecksprachen, auch wenn in der mündlichen Fachkommunikation natürlich auch die jeweilige Fachsprache verwendet werden kann. Wir müssen nicht nur an die Ausbildung von Fachübersetzern denken, um den Erwerb fachsprachlicher Kenntnisse für Lerner des Deutschen als Fremdsprache begründen zu können, denn die Übergänge zwischen Gemeinsprache und Fachsprache werden zunehmend fließend.

Allerdings dürfen wir hier Sprache auch nicht losgelöst von den fachlichen Gegenständen betrachten. So ist das Erlernen eines spezifischen fachsprachlichen Wortschatzes letzten Endes nur dort sinnvoll, wo wir es mit einer Lerngruppe zu tun haben, die auch entsprechende fachliche Kenntnisse besitzt und über diese in der Fremdsprache kommunizieren möchte. Es macht m.E. wenig Sinn, wenn ausländische Germanistikstudenten zwar das Wort *pochieren* kennen, mir aber nicht erklären können, welche Gar-Methode das ist. Hier sieht man deutlich, dass es im Fachsprachenunterricht um sprachliches *und* fachliches Wissen zugleich gehen muss, sonst produzieren wir nur Sprechblasen.

Für den „normalen“ Fremdsprachenlerner ohne fachspezifischen Wissenshintergrund könnten fachspezifische und entsprechende fachsprachliche Kenntnisse allerdings dann von Bedeutung sein, wenn er als Fach-Dolmetscher oder Fach-Übersetzer tätig werden möchte. Dann allerdings müssen wir den Unterricht auch an Problemen der interkulturellen Fachkommunikation orientieren.

Mit der Orientierung auf Fachkommunikation (anstatt Fachsprachen) kann die Fremdsprachendidaktik den Anschluss an die neuere Fachsprachenforschung finden. Diese interessiert sich neben der systembezogenen Orientierung auf spezifische lexikalische und syntaktische Eigenschaften von Fachsprachen zunehmend für den Fachsprachengebrauch in verschiedenen mehr oder weniger fachlich geprägten Kommunikationssituationen, von der fachinternen bis zur fachexternen Kommunikation mit allen vermittelnden (sprachlichen) Zwischenformen bis hin zu interkulturellen Dimensionen der Fachkommunikation.

Die Frage, ob die Behandlung von Varietäten in den muttersprachlichen und fremdsprachlichen Deutschunterricht (‚Deutsch als Fremdsprache’) gehört, lässt sich jetzt zusammenfassend so beantworten: Anders als regionale oder soziale Varietäten, deren Kenntnis nur rezeptiv, d.h. für das Verstehen von Dialektsprechern und dialekthaltigen Medien (Texte, aber auch Filme), sinnvoll ist, gehören funktionale Varietäten wie die Fachsprachen ebenso in den produktiven Bereich des muttersprachlichen Unterrichts wie des Unterrichts ‚Deutsch als Fremd- oder Zweitsprache’. Der spätere Übersetzer muss nicht nur Fachsprachliches in der Ausgangssprache verstehen (rezeptiv), sondern er muss sich auch in der Zielsprache fachsprachlich äußern können (produktiv) und dies genauso mündlich (als Dolmetscher) wie schriftlich (als Übersetzer). Dabei muss er aber auch etwas von dem jeweiligen Fach verstehen, sonst weiß er nicht, wovon er redet. Dies gilt natürlich auch für Lerner des Deutschen als Zweitsprache, die manchmal fälschlicherweise zu glauben scheinen, sie seien als Zweitsprachensprecher bereits die ‚geborenen' Dolmetscher.

Lektüreempfehlungen

Zum eingangs erwähnten Status des Deutschen als plurizentrische Sprache:

Clyne, Michael: „Deutsch als plurizentrische Sprache". In: Clyne, Michael (ed.): *Pluricentric Languages: Differing Norms in Different Nations.* Berlin/ New York: Mouton de Gruyter 1992.

Zu muttersprach- wie fremdsprachendidaktischen Aspekten der Behandlung verschiedener Varietäten:

Biere, Bernd Ulrich: „'Varietas delectat' – Varietäten des Deutschen im fremdsprachlichen und muttersprachlichen Unterricht". In: *Estudios Filológicos Alemanes. Revista del Grupo de Investigación Filología Alemana 13,* Sevilla 2007, S. 234-256.

Ross, Charles: "Variation im Deutschen: die Perspektive der Auslandsgermanistik". In: *Der Deutschunterricht 44*, 1992 (Heft 4), S. 5-15.

Die Grüne Reihe ‚Sprachwissen'

Sprachwissen 1

Biere, Bernd Ulrich: *Einheit und Vielfalt des Deutschen. Diachronie und Synchronie.* Brey: mykum Verlag 2017. 158 S. ISBN 978-3-9818173-4-8; 14,95 €

Sprachwissen 2

Biere, Bernd Ulrich: *Ein Europa – Viele Sprachen. Mehrsprachigkeit in Europa.* Brey: mykum Verlag 2017. 96 S. ISBN 978-3-9818173-1-7; 8,90 €

Sprachwissen 3

Biere, David: *Sprachliche Zeigehandlungen. Die Deiktika im Französischen.* Brey: mykum Verlag 2015. 100 S. ISBN 978-3-9816448-4-5; 9,95 €

Sprachwissen 5

Biere, Bernd Ulrich: *SPRACHWISSEN. ABC der deutschen Sprache.* Brey: mykum Verlag 2018 (in Vorbereitung)

Autoren und Autorinnen, die zur Weiterführung der Grünen Reihe ‚Sprachwissen' beitragen möchten, sind willkommen. Kontaktaufnahme erbeten unter info@mykumverlag.de oder:

mykum Verlag
Auf der Bornau 29
D-56321 Brey